大家小书

艺术、神话与祭祀

[美] 张光直 著
刘静 乌鲁木加甫 译

北京出版集团公司
北京出版社

著作权合同登记号
图字：01－2022－6427
ART,MYTH,AND RITUAL：The Path to Political Authority in Ancient China
by K. C. Chang

图书在版编目（CIP）数据

艺术、神话与祭祀／（美）张光直著；刘静，乌鲁木加甫译．—北京：北京出版社，2017.9（2024.8重印）
（大家小书）
书名原文：Art，Myth and Ritual：The Path to Political Authority in Ancient China
ISBN 978－7－200－12869－7

Ⅰ．①艺… Ⅱ．①张… ②刘… ③乌… Ⅲ．①文化史—研究—中国—古代 Ⅳ．①K220.3

中国版本图书馆 CIP 数据核字(2017)第 155683 号

总策划：安　东　高立志　　责任编辑：司徒剑萍　魏晋茹

·大家小书·
艺术、神话与祭祀
YISHU、SHENHUA YU JISI
［美］张光直　著　刘静　乌鲁木加甫　译
*
北京出版集团公司
北京出版社　出版
(北京北三环中路 6 号　邮政编码：100120)
网　址：www.bph.com.cn
北京出版集团公司总发行
新华书店经销
北京华联印刷有限公司印刷
*
880 毫米×1230 毫米　32 开本　6 印张　79.35 千字
2017 年 9 月第 1 版　2024 年 8 月第 5 次印刷
ISBN 978－7－200－12869－7
定价：48.00 元
如有印装质量问题，由本社负责调换
质量监督电话：010－58572393

序　　言

袁行霈

“大家小书”，是一个很俏皮的名称。此所谓“大家”，包括两方面的含义：一、书的作者是大家；二、书是写给大家看的，是大家的读物。所谓“小书”者，只是就其篇幅而言，篇幅显得小一些罢了。若论学术性则不但不轻，有些倒是相当重。其实，篇幅大小也是相对的，一部书十万字，在今天的印刷条件下，似乎算小书，若在老子、孔子的时代，又何尝就小呢?

编辑这套丛书，有一个用意就是节省读者的时间，让读者在较短的时间内获得较多的知识。在信息爆炸的时代，人们要学的东西太多了。补习，遂成为经常的需要。如果不善于补习，东抓一把，西抓一把，今天补这，明天补那，效果未必很好。如果把读书当成吃补药，还会失去读书时应有的那份从容和快乐。这套丛书每本的篇幅都小，读者即使细细地阅读慢慢地体味，也花不了多少时间，可以充分享受读书的乐趣。如果把它们当成补药来吃也行，剂量小，吃起来方便，消化起来也容易。

我们还有一个用意，就是想做一点文化积累的工作。把那些经过时间考验的、读者认同的著作，搜集到一起印刷出版，使之不至于泯没。有些书曾经畅销一时，但现在已经不容易得到；有些书当时或许没有引起很多人注意，但时间证明它们价值不菲。这两类书都需要挖掘出来，让它们重现光芒。科技类的图书偏重实用，一过时就不会有太多读者了，除了研究科技史的人还要用到之外。人文科学则不然，有许多书是常读常新的。然而，这套丛书也不都是旧书的重版，我们也想请一些著名的学者新写一些学术性和普及性兼备的小书，以满足读者日益增长的需求。

“大家小书”的开本不大，读者可以揣进衣兜里，随时随地掏出来读上几页。在路边等人的时候，在排队买戏票的时候，在车上、在公园里，都可以读。这样的读者多了，会为社会增添一些文化的色彩和学习的气氛，岂不是一件好事吗？

“大家小书”出版在即，出版社同志命我撰序说明原委。既然这套丛书标示书之小，序言当然也应以短小为宜。该说的都说了，就此搁笔吧。

导　言

徐天进

张光直先生（1931—2001年）是一位享誉世界的著名考古学家，毕生致力于中国考古学和考古学理论的研究，其研究成果和学术贡献嘉惠学林甚多，为学界所珍重。

张光直先生自小生长在北京，对中国及中国的传统文化有深厚的感情。他在台湾大学就学期间师从李济、高去寻、石璋如、凌纯声等著名学者，为其日后的研究奠定了扎实的中国考古学基础。后赴哈佛大学人类学系留学，师从著名考古学家Hallam Movius和Gordon Willey，接受了系统的西方考古学和人类学的训练，此后长期在耶鲁大学、哈佛大学从事考古学和人类学的教学和研究工作。特殊的求学经历和学术背景，使得张光直先生的学问可以中西融会贯通，而在中国考古学领域独树一帜。

随着国家的改革开放，20世纪80年代，中国考古学也进入了一个思想最为活跃的时期。张光直先生的学术成果恰好也在这个时期被陆续介绍到国内，分别是《中国青铜时代》（生活·读书·新知三联书店，1983年）、《考古学专题六讲》（文物出版社，1986年）和《美术、神话与祭祀》（辽宁教育出版社，1988年）。张先生的这三本“小书”以其独特的视角、多学科的方法及新颖的观点，在仍以文化编年和区系类型研究为重心的中国考古学界引起了极大的反响，对年轻一代的考古学者所产生的影响尤为深远。

《艺术、神话与祭祀》（*Art, Myth and Ritual*，原辽宁教育出版社译本为《美术、神话与祭祀》）是张光直先生诸多学术著作中的一本，也是作者自己最为喜爱的一本。该书以他1981年至1982年在哈佛大学为非专业本科生所开设的一门课程的讲稿为基础，选编而成。据张先生自己所说，他写这本书时所设定的读者不是专业学者，而是一般读者，“所以写起来比较令我兴奋，比较使我少受专业传统的束缚，也可以算是对中国古史研究的一种方式的一次试验”（张光直语）。该书的英文版于1983年在哈佛大学出版社正式出版，1988年出版了中译本。此后又相继有日文版和中国台湾的繁体字汉译版，均广受好评。

张光直先生对该书的写作目的在序言中是这样介绍的："其一，中国古代文明的性质和构成具有很强的政治倾向，本书将以此开辟出一个新的基础研究视角；其二，如果能突破传统的学科界限，古代文明的研究，至少中国古代文明的研究，必将受益匪浅。"前者是要讨论的问题，后者是解决问题的方法。在这本书中张光直先生对当时争议很大的一些"技术性"问题（主要是夏商周的年代和都邑问题，有些问题迄今仍没有解决）采取了暂时搁置的态度，而仍以古典文献为主要参考，划定了夏、商、周三代的时间和空间范围，并以此作为全书所讨论问题的时空背景。

张光直先生以其独特的视角，重新审视历史文献和考古材料，通过对神话传说和历史事件、沟通天地的祭祀过程及手段、古代中国青铜器及其装饰艺术（主要是动物主题装饰艺术）的意义、古代文字的产生及表现形式等问题进行深入的讨论，回答了文明或王朝是如何在古代中国兴起的问题。作者明确指出，文明是王朝积累财富的体现，而财富积累的首要途径则是政治权力的行使。政治权力的生成又是亲属等级制度、统治者的道德权威、军事权力、交通上帝祖先之特权以及财富获取等因素共同作用的结果，它们是古代中国政治权威崛起的必由之路。几十年过去了，张光直先生所提出的观点仍闪耀着理性的光芒，照亮着我们继续行进在中国古代文明起源的探索之路上。

对中国古史研究在社会科学一般法则上的意义或贡献是张光直先生格外强调的。在《连续与破裂：一个文明起源新说的草稿》一文中，张光直先生从中国文明起源的个案研究出发，提出了“连续性”（中国的）与“破裂性”（西方的）两种不同的文明起源形态，并认为“中国的形态很可能是全世界向文明转进的主要形态，而西方的形态实在是个例外，因此社会科学里面自西方经验而来的一般法则不能有普遍的应用性”。该观点自提出以来，似乎已成为张光直先生最具代表性的学术见解而被广泛征引。

近年来，公众考古在中国方兴未艾，考古学家们正在尝试用各种方法和途径去普及考古学知识，分享发掘和研究成果。张光直先生30多年前就主张“中国的古史研究不属于狭窄的专业”，而主动以一般读者为对象进行写作，将精深的学问转化为大众容易并十分乐意接受的知识。我们通过阅读这本“小书”，不仅可以体会到一位学者对学术问题的敏感、求证过程的严谨和分析问题的深刻，同时也不难感受到一位学者的责任和温情。

由于考古学是一门专业性很强的学科，《艺术、神话与祭祀》虽然已经尽可能地用深入浅出的语言来叙述，但对一般读者而言，阅读起来恐怕还是不会如张光直先生想象得那么轻松。它似乎更适合有一些专业基础知识储备或者对史学、考古学或人类学有兴趣并有相当了解的读者。据我所知，在本书首次中译本发行之后的相当长一段时间内，这本书的读者仍以考古学、人类学或艺术史专业的学生及学者为主。近20年来，随着中国大学通识教育的开展和公众考古学的发展，考古学开始逐渐走向公众，越来越多的人对考古学产生了浓厚的兴趣，并有条件借助各种媒介和途径接触考古、了解考古。所以，此类经典著作的读者群体也理当会有所扩大。由于本书写作于20世纪80年代初，那时关于中国古代文明起源问题的讨论尚处于初始阶段，基础资料和研究方法都有其不可避免的局限性。此后的30余年间，关于中国早期社会的考古新发现层出不穷，中国的考古学研究在广度和深度方面也取得了长足的进展。当我们再次拜读这本著作时，或许会发现书中的一些观点或方法尚有进一步讨论的空间，但这也正是张光直先生所希望的。他在第一版中译本的作者前记中曾说，“这本小书是我在这个方面（按：利用多学科的方法、角度和材料来从事中国古史研究）所做的试验中最彻底的一次，同时很自然地也就是最不成熟的一次。因为它不成熟，它更有进一步大幅成长、开花、结实的机会，也就像人在青年，如果努力修习，更可前途无量。不用说，要它有进一步的发展，它更需要读者的批评与建议”，“中国读者的批评与建议更是我所渴望的”。我想张光直先生的这番话绝非普通的客套，而是发自肺腑之言。他希望其所倡导的超出传统的专业局限的跨学科研究，能够得到更多的积极响应，从而真正有益于中国古代文明的研究。值得庆幸的是，先生的希望正逐渐变为现实。

张光直先生本身是一部大书，《艺术、神话与祭祀》只是其中的一个章节。若要真正了解张光直先生的学术思想，读懂这本“小书”，希望尊敬的读者再把《古代中国考古学》《中国青铜时代》《考古学专题六讲》《商文明》《考古人类学随笔》等著作也一并阅读，当然如果能够读原著就更好。

经典著作是常读常新的。它给读者带来的不仅是新知识、新思想，更为紧要的是贡献给我们认识世界的新视野、新方法。袁行霈先生在“大家小书”系列的总序中说，“大家小书”是“大家”写给“大家”看的“小书”，篇幅虽小，学术性却“不但不轻，有些倒是相当重”。《艺术、神话与祭祀》正是考古学大家张光直先生写给“大家”看的一本极具学术价值的“小书”。北京出版社将其收入“大家小书”系列之中，与其编辑宗旨十分契合。2016年是张光直先生去世15周年，《艺术、神话与祭祀》的再次翻译出版，不仅可以让更多的读者亲近这位杰出的考古学家，也是我们曾经受惠于先生的学人对他的一种追思与纪念！

2016年11月30日

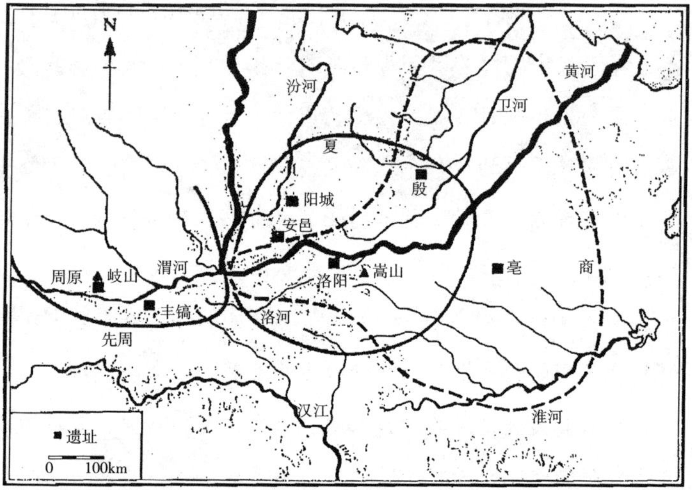

标有夏、商、周三代大致分布区域的古代中国地图

自　　序

在古代中国，艺术、神话与政治密不可分。我们都知道，政治是中国现代社会至关重要的因素。对古代中国来说，政治也具有同等重要的地位，这一点尚未得到普遍认同。在此，我希望能将考古、文学、艺术的相关资料与其内涵相结合，来阐明这一点。

本书目的有二：其一，中国古代文明的性质和构成具有很强的政治倾向，本书将以此开辟出一个新的基础研究视角；其二，如果能突破传统的学科界限，古代文明的研究，至少中国古代文明的研究，必将受益匪浅。关于这一点，我在过去的10年中一直在不断地强调。[①]

“古代中国”一词涉及公元前近2000年的大部分时间。在

---

① 请参见张光直：《商周青铜器与铭文的综合研究》，《“中央研究院”历史语言研究所专刊》第62期，台北，1973年，1页；K. C. Chang，*Early Chinese Civilization*（Cambridge，Mass.：Harvard University Press，1976），pp. v–xi。

此期间，夏、商、周三代[①]创造了中国最早的历史文明。在传统编年体系中，夏起止于公元前2205年至公元前1766年，商起止于公元前1766年至公元前1122年，周起止于公元前1122年至公元前256年。除“公元前256年”这个年代数据外，其他数据皆无定论。专家们就此展开了激烈讨论，仅周之起始年代就至少有18种说法。[②]就本书之研究主旨而言，这些技术层面的争论并不重要。因其无法定论，本书将采用与大多数数据相近的整数数值来划定三代之年代框架：夏，公元前2200年至公元前1750年；商，公元前1750年至公元前1100年；周，公元前1100年至公元前256年。

重建夏代之前的中国史前史，依赖于两类证据。第一

① 由于古代中国考古学工作进展迅速，一些关于古代中国的最新优秀研究成果尚未发表出来。西文方面的经典著作有：Henri Maspéro，*China in Antiquity*，tr. F.A. Kierman （Amherst：University of Massachusetts Press，1978）。另有一部通论是：Jacques Gernet，*Ancient China from the Beginnings to the Empire*（Berkeley：University of California Press，1968）。K. C. Chang，*The Archaeology of Ancient China*（New Haven：Yale University Press，1977），侧重于考古学方面的研究。K. C. Chang，*Early Chinese Civilization*（Cambridge，Mass. ：Harvard University Press，1976），包含了一系列专题性研究。

② 这18种年代的说法是：1122、1116、1111、1076、1075、1070、1067、1066、1057、1050、1049、1047、1045、1030、1029、1027、1025和1018。请参见K. C. Chang，“China”，in *Chronologies in Old World Archaeology*，ed. Robert Ehrich，3rd ed.（Chicago：University of Chicago Press，in press）。

类证据是成书于三代的文献（大多成书于周代后期）中所记载的关于公元前2200年之前的神话传说。这些传说大都与古代英雄先贤相关，汉代（公元前206—公元220年）将其系统化，称为“三皇五帝”（图1）。关于三皇五帝，说法不一。一般认为，三皇包括伏羲（人类始祖）、燧人（或祝融，火的发明者）以及神农（农耕发明者），五帝包括黄帝（文明创始人）、颛顼（开天辟地的帝王）、帝喾、帝尧和帝舜。[①]纵观中国历史，这些先贤英雄都是公认的历史名人。近几十年间，历史学家和民俗学家的研究却表明，他们最初基本都是古代宗教人物，只是因为周代后期至汉代用神话解释历史（euhemerized），他们就被演绎成了历史名人。[②]

重建中国史前史所依据的第二类证据是考古学材料。20世纪初，对于埋葬于地下的古代人类和文化遗迹的科学考古学

① 关于古代中国神话的西方论著有：Henry Maspéro，“Légendes mythologiques dans le *Chou King*”，Journal Asiatique 204（January-March 1924）：1～100；Derk Bodde，“Myths of Ancient China”，in *Mythologies of the Ancient World*，ed. Samuel N. Kramer（New York：Doubleday，1961），pp. 367～408；Sarah Allen，The Heir and the Sage：Dynastic Legend in *Early China*（San Francisco：Chinese Material Center，1981）。

② 20世纪20年代，经验主义导向的史学家们开始强烈质疑古代中国的传说历史，并成立了“疑古学派”，拒绝承认商代晚期之前中国历史的真实性。请参见Laurence A. Schneider，*Ku Chieh-kang and China's New History*（Berkeley：University of California Press，1971）。

图1　公元2世纪中期的山东嘉祥武梁祠画像石上的中国传说人物（三皇五帝）

中间一行是传说中的英雄先贤及夏代的开国和亡国之君，从右到左依次为：尾部交缠的人类始祖伏羲和女娲、火的发明者祝融、手持木铲的农耕发明者神农、文明创始人黄帝、颛顼、帝喾、帝尧、帝舜、夏代创立者大禹和末代夏王桀。

由西方和日本传入中国。[①]史前时代的发展脉络通过考古发掘被充分揭示出来：近200万年前人类的早期祖先诞生，约40万年前著名的“北京人”出现，约1万年前畜牧和农耕技术开始应用，农业定居村落不断发展，直至三代时期文明社会迎来了黎明的曙光。[②]一些史前文化的后段，或许就是传统神话传说中的某些英雄先贤所创造的，但史前人类却并未留下只言片语来记录这些英雄的身份和他们的丰功伟绩。

因为有了文献记载和考古遗存，三代成为了中国历史的第一个时期。严格来说，这并不适用于夏代，因为我们尚未发现夏代遗留下来的文字资料。然而商周两代确确实实有此类记载。[③]与三代相关的许多晚期文献纷纷为商周时期的资料所证实，关于夏代的记载亦因此比史前时代（夏代之前）更具

① 关于科学考古学的传入及其对中国史学研究的影响，请参见 K. C. Chang，“Archaeology and Chinese historiography”，*World Archaeology* 13（October 1981）：156～169；和 Li Chi，*Anyang*（Seattle：University of Washington Press，1977）。

② 关于中国史前史的最新综述，请参见K. C. Chang，“In search of the China′s beginnings：New light on an old civilization”，*American Scientist* 69（March–April 1981）：148～160。

③ Burton Watson 的 *Early Chinese Literature*（New York：Columbia University Press，1962）对古代中国文学的考察研究参考价值很高。关于史学研究在利用此类文献时所遭遇到的诸多困境，请参见 Cho–yun Hsu，*Ancient China in Transition*（Stanford：Stanford University Press，1965），副标题为“Authenticity and dating of pre–Ch′in texts”。

可信性。这些“晚期文献”主要是成书于公元前1千纪后期的所谓“儒家经典”：《易经》、《诗经》、《尚书》、《春秋》经传（特别是左丘明之《左传》）、《三礼》（包括《仪礼》、《礼记》和《周礼》）。[①]此外，与三代有关的一些有用信息在《楚辞》（周代晚期中国中部地区数位楚国诗人的诗歌汇编）[②]、某些哲学著作（如《论语》[③]《孟子》[④]等）以及部分残存古书（如公元280年河南出土的汲冢竹书中的《纪

---

① 最通用的中国经典文学英译本是James Legge, *The Chinese Classics*, vols. 1～5（Oxford: Clarendon Press 1872—1895）；拉丁文译本是The Li Ki，vols. 27～28 of *The Sacred Books of the East*，ed. F. Max Müller（Oxford: Clarendon Press，1885）。还有一些其他译本也较为常见，其中不乏修订或改良的版本。《诗经》英译文可参见Bernhard Karlgren，*The Book of Odes*（Stockholm：Museum of Far Eastern Antiquities，1974）和Authur Waley，*The Book of Songs*（New York：Grove Press，1960）。《易经》英译文可参见Richard Wilhelm and Cary F. Baynes，*The I Ching or Book of Changes*（Princeton：Princeton University Press，1977）。《尚书》英译文可参见Bernhard Karlgren，*The Book of Documents*（Stockholm：Museum of Far Eastern Antiquities，1950）。

② 较为权威的译本是David Hawkes，*Ch´u Tz´u: The Songs of the South*（Oxford：Clarendon Press，1959）。

③ Legge，*The Chinese Classics*。亦可参见 D. C. Lau，tr.，*Confucius: The Analects*（Harmondsworth：Penguin Books，1979）。

④ Legge，*The Chinese Classics*。亦可参见D. C. Lau，tr.，（Harmondsworth：Penguin Books，1970）。

年》[1]、《逸周书》和《穆天子传》）中也有发现。这些典籍蕴含着丰富的历史价值，也记载了很多神话、传说和文学资料，是我们了解三代时期的中国生活所不可或缺的文献来源。

近年来，秦汉时期简帛文书（图2）[2]的出土进一步充实了三代时期的文献资料，它们大多记录在三代之后的竹简、木简或丝帛、纸张等材质上，极易腐烂变形。古代器物或铭刻类的新材料也相继问世。除了那些形形色色的石、陶、木、竹、丝、青铜等质地的器物外，考古学也为我们提供了一些铭刻类资料，如商至周早期的甲骨卜辞（图3）[3]、青铜器铭文[4]等。

以上诸类史料皆可用以分析古代中国的政治文化，探讨“古代中国的文明及其相伴相生的政治王朝是如何兴起的”这一基础问题。各种证据表明：与其他地区一样，在古代中国，文明之演进

---

① 关于《竹书纪年》价值的论证，请参见 David N. Keightley，“The *Bamboo Annals* and Shang-Chou chronology”，*Harvard Journal of Asiatic Studies 38*（December 1978）：423～438。

② Michael Loewe，“Manuscripts found recently in China：A preliminary survey”，*T´oung Pao* 63（1977）：99～136.

③ David N. Keightley，*Sources of Shang History*（Berkeley：University of California Press，1968），对甲骨卜辞的史料信息进行过详细考察。

④ 据我所知，目前尚未见到关于古代青铜器铭文的西文专题论著，以下两本著作中有专门章节进行过讨论：William Watson，*Ancient Chinese Bronzes*（Rutland，Vt.：Tuttle，1962）以及Li Xueqin，*The Wonder of Chinese Bronzes*（Peking：Foreign Languages Press，1980）。

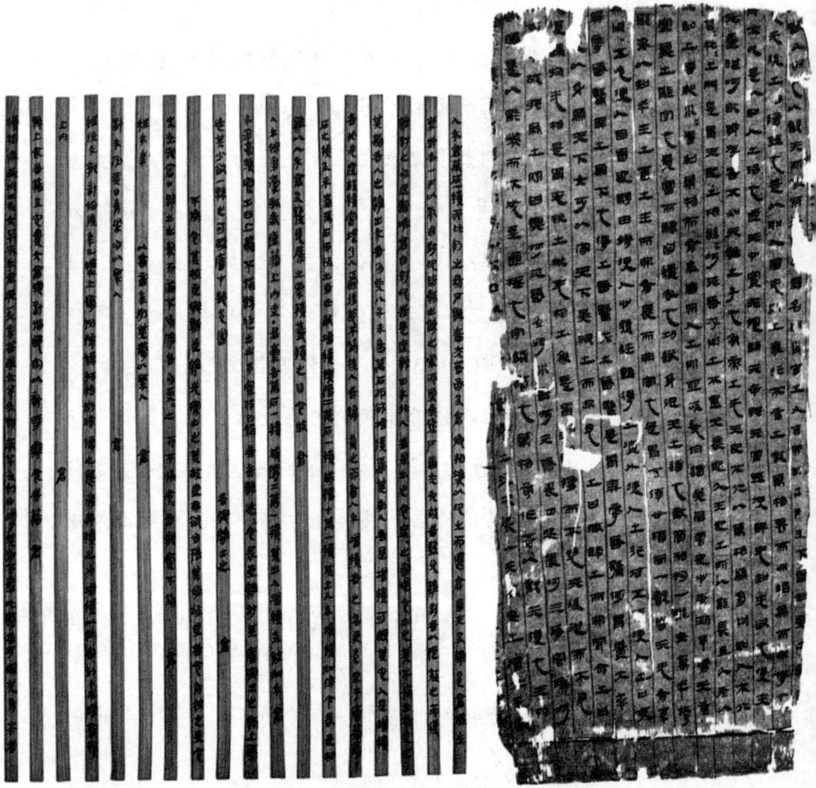

图2　近年出土之秦代竹简（左）和汉代帛书（右）

左侧竹简长约28厘米，右侧帛片长约18厘米。

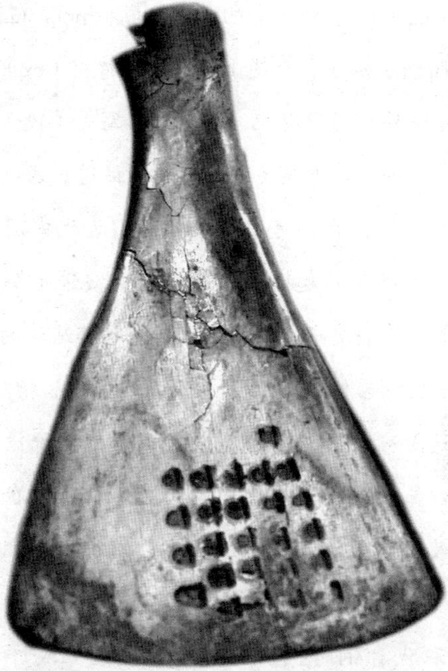

图3　河南安阳殷墟出土之商代刻辞卜骨

与王朝之发展相生相随，因为文明是社会或王朝中的一小部分人累积财富的反映。我们的研究表明：财富的积累主要通过政治权威的施展；中国环境下政治权威的自然增长，得到了亲属等级制度（kinship hierarchy）、统治者的道德权威（moral authority）、军事权力（military power）、交通上帝祖先之特权（exclusive access to gods and to ancestors，通过祭祀、艺术和书写等手段）以及财富获取（access to wealth）等互相关联的要素的促进。通过考察以上这些要素的发展历程，我们可以从中分离出古代中国政治权威崛起的一些更具说服力的起因。在政治权威演进是全球性课题的当下，针对中国的个案研究必将体现出超越其地域的价值。

本书将三代视为一个独立单元，也用以指代“古代中国”。我想这是可行的，因为尽管我们给不同阶段或王朝以不同的命名，但三代时期古代中国政治文化的特性在很多重要方面均趋于一致，甚至延续到了三代以后的时期。古代中国社会的深刻变革发生在公元前600年至公元前500年间，在此期间铁器时代开始取代青铜时代。历史纯粹主义者或许希望将本书的“古代中国”的时间段仅限定于春秋中期之前的三代。然而，他们在阅读此书后会发现，春秋中期这个时间点之后的很多信息也被融入了古代艺术、神话与政治的总体模式之中，而这一模式也适用于其后的时段。

目 录

第一章　氏族、城邑与政治格局

夏、商、周三代分别为不同氏族（clan）的成员所建。事实上，早期中国可能存在着数以百计的此类氏族，每个氏族自身都有一系列共同特质。同一氏族的成员经由父族一系将血缘追溯至同一个传说中的祖先，然而因历经千古，这种追溯通常无法得到血统上的证实。[①]祖先诞生的传说通常是整个氏族的

① 有学者认为中国历史上存在母系氏族社会，在这一社会中女性政治地位高于男性。此论断来源有二：其一，19世纪的进化论研究认为每种社会形态皆由母系氏族社会阶段进化而来，进入20世纪之后当马克思主义成为中国官方主流学说时，这一论断在中国历史学界得到了进一步的强化；其二，文献中关于中国远古社会的零散片段皆提到了母亲，却不知道父亲是谁。即使中国古代确有这一阶段存在，那也必定是距离三代时期很久之前的事情了。目前我们尚未发现三代时期有非父系形态的氏族。此前欧洲汉学家曾就此问题进行过讨论，请参见A. Courady, *China*（Berlin：Pflugk-Harttung´s Weltgeschichte，1910），pp. 483ff；W. Koppers，“Die frage des Mutterrechts und des Totemismus im alten China”，*Anthropos* 25（September-December 1930）：981～1002；E. Erkes，“Der primat des Weibes im alten China”，*Sinica* 10（November 1935）：166～176；and W. Eberhard，*Localkulturen im alten China*，vol. 2（Peking，1942），pp. 96ff。

族名和族徽（抑或“图腾”）的来源。[①]同一氏族的成员必然共有某些独特的品质或属性，这是他们不能族内通婚的原因之一。[②]

尽管我们确信，古代中国的数以百计的父系氏族都有各自的祖先起源传说，但只有少数保存在了文献之中。这些传说往往与建立起主体王朝或其他政体的氏族有关。

中国有文字记载的历史上第一个政治王朝——夏朝，由姒姓氏族成员创立。虽然夏代遗存数量越来越多，但夏代的文献文字资料却尚未发现，因而姒姓氏族祖先起源的传说也不甚明了。其中一个版本[③]是，夏代创始人大禹（图4）之母进食薏苡后诞下了禹（薏苡是东亚最古老的农作物之一；姒姓氏族由此而得名）。在另一个故事中，姒姓氏族的祖先系裂石而生。大禹之父鲧受命治水，“他偷了上帝的‘息壤’，息壤是一种可以无限膨大的神奇土壤，鲧用它来建筑堤坝抵御洪水。他的努力最终付诸东流，上帝因其偷盗而大怒，将其处以极刑。鲧之尸身三年不腐并化为石身，直至有人以刀剑劈之，禹随即自

① 《左传·隐公八年》（公元前715年）：“天子建德，因生以赐姓。”（除非特别注明，中文文献皆为作者翻译。）

② 《国语·晋语》：“同姓则同德，同德则同心，同心则同志；同志虽远，男女不相及，畏黩故也。”

③ 王充（27—97年）：《论衡·奇怪篇》。

图4　武梁祠画像石上的大禹

鲧之石身破腹而出”[①]。禹之子诞生的传说也或多或少地重复了这个故事：“禹在挖掘某一山道时化身为熊，他的妻子涂山氏看见他之后转身跑开变成了石头。其时涂山氏已身怀有孕，禹追上她大喊‘还我儿子’，石头自北侧裂开，启（寓意“开启”）破石而出。”[②]（参见附录之三代帝王世系。）

商代由子姓氏族创立，子姓氏族的祖先为契。根据商代传说，契的母亲吞食了一只黑鸟所生之卵而怀孕，生下了契（图5）。[③]此类祖先卵生的传说在古代中国东部沿海和东北亚地区广为流传。[④]这为很多学者的商人东来学说提供了支持。

三代的最后一个王朝周王朝由姬姓氏族成员创立。有史料指出，姬姓因流经该族故土的一条小河流而得名。根据《诗

---

① Derk Bodde, “Myths of Ancient China”, in *Mythologies of the Ancient World*, Samuel N. Kramer（New York：Doubleday，1961）, p. 399.

② Bodde, “Myths of Ancient China”, p. 401.

③ 《诗经·商颂·玄鸟》：“天命玄鸟，降而生商。”

④ 《魏书·高句丽传》中有一段类似的故事，它以较长篇幅记载了居住在渤海湾北岸的夫馀人之先祖朱蒙是如何诞生的。“高句丽者，出于夫馀，自言先祖朱蒙。朱蒙母河伯女，为夫馀王闭于室中，为日所照，引身避之，日影又逐。既而有孕，生一卵，大如五升。夫馀王弃之于犬，犬不食；弃之于豕，豕又不食；弃之于路，牛马避之；后弃之野，群鸟以毛茹之。夫馀王割剖之，不能破，遂还其母。其母以物裹之，置于暖处，有一男破壳而出。及其长也，字之曰朱蒙。”

图5　商代祖先起源传说

画面上的玄鸟正在产卵，简狄（右）吞食其卵后诞下了契。

图6　传说中的周代祖先后稷的画像

经·大雅·生民》，姬姓氏族的祖先弃（“被遗弃之人”）或后稷（“稷神”）（图6），是上帝的直系后裔。其母姜嫄踩到了上帝足迹的大脚趾而怀孕，后稷出生之后先后被丢弃在窄巷之旁、平林之中、寒冰之上，却屡屡得到牛羊、樵夫和鸟群的庇护。后稷长大成人后，精通农耕之术，种植了粟、豆等作物，开创了牺牲祭祀之礼。[①]在《诗经·大雅·绵》的另外一

①　《诗经·大雅·生民》：“厥初生民，时维姜嫄。……以弗无子，履帝武敏歆，攸介攸止，载震载夙。载生载育，时维后稷。……诞寘之隘巷，牛羊腓字之。诞寘之平林，会伐平林。诞寘之寒冰，鸟复翼之。鸟乃去矣，后稷呱矣。实覃实讦，厥声载路。”英译文引自Karlgren，in Bernhard Karlgren，*The Book of Odes*（Stockholm：Museum of Far Eastern Antiquities，1977）。

个周朝传说中，人类种族的起源被喻为葫芦的繁衍。瓠生始祖的传说流传甚广，这是姬姓氏族起源的另一种说法。[①]

既然三代由姒姓、子姓、姬姓三个氏族所创立，王朝的兴衰实际上也就变成了在众多氏族共存的政治舞台上个别氏族的兴衰更迭。社会组织基于血缘关系而行使政治权威，是古代中国国家的鲜明特征。此外，每个氏族自身也因循血缘关系而进行了明确的等级划分。每个氏族包含了若干宗族组织（lineage group），这些宗族成员因清晰的血统关系而相互关联。单个宗族，甚或单个宗族内部的个体成员，都有不尽对等的政治地位。

三代的宗族制度究竟如何，尚不太明了。但政治地位由血统决定这一基本原则则毋庸置疑。[②]在若干周代文献中，我们发现了对宗族分支制度（system of lineage segmentation）的明确解释。宗族分支制度的确立，最终导致了父系宗族的分裂及其宗

① 《诗经·大雅·绵》："绵绵瓜瓞，民之初生。自土沮漆，古公亶父。陶复陶穴，未有家室。"英译文引自Karlgren，in Bernhard Karlgren，*The Book of Odes*（Stockholm：Museum of Far Eastern Antiquities，1977）。

② 关于中国古代氏族与宗族制度的详尽论述，请参见K. C. Chang，"The lineage system of the Shang and Chou Chinese and its political implications，" in Chang，*Early Chinese Civilization*（Cambridge，Mass.：Harvard University Press，1976），pp. 72～92。

族分支在既定空间地域内统治的建立。[1]假设一个主要宗族凭借其重要的政治权威掌管着核心区域，这个宗族应该是同属于某一特定氏族的众多宗族中的一员。我们假定这一宗族是该氏族甚或是其统治领域的众多氏族中最为优越的宗族，我们就可以将其称之为“王族”，即该王朝的统治者。该宗族为其男性继承者一脉所永久保持，其地位由某些特定因素决定，例如男性继承者必须为正妻之子或长子。

王族生活发展到某一特定时期，其中一位男性成员会脱离王族所辖而建立新的政权组织。这个人可能是统治者的兄弟、叔父或者表亲。为了缓解王族的人口压力，相当规模的人群会与此人一起离开王族，去开垦新的耕地并建立新的防御体系。无论原因为何，他脱离王族时会带走：（1）他的氏族归属和族徽；（2）隶属于一个或多个氏族的多个宗族群体，以保证充足的农业和产业劳动力及军事力量；（3）对其新建统治地域的管理授权；（4）为新政权确立的新名称；（5）用以延续与其父亲的宗族附属关系并标示其独立的祭祀标识及祭祀用具。在新的国土上，他会建立新的宗庙。在这个宗庙中，作为

① 宗族分裂与赐封政治领地的过程是周代所谓“封建制度”（feng-chien system）的核心内容。所谓“封”，就是“（给一块土地）设立边界”；所谓“建”，就是“建立（对该土地的统治）”。这个词在英语中一般被译为“feudallism”（封建制度）。

新的宗族建立者，他的牌位会被供奉起来。由此，一个新的宗族分支确立起来，相对于他们所脱离的主要宗族而言，他们是次级宗族，他们的政治地位和祭仪地位同样也居于次要地位。这一分支过程会不断重复，继而产生第三级、第四级及更低等级的宗族分支。这种宗族分支制度同时也是一种政治地位递减制度。

宗族分支体系的重中之重是具有城墙的城邑。李约瑟（Joseph Needham）认为，无论是古代中国还是现代中国的城邑（图7），“既不是人口自发聚集的结果，也不是资本或生产资料积累的结果，也不是单纯的市场贸易中心。它首先是一个政治核心，是行政网络的重要节点，是官僚或者说……古代封建领主的据点”①。就其内部动力而言，城邑的建设其实是在新的统治地域上赋予新宗族以新的政权据点的政治行为。《诗经》中有一段关于这种政治行为的描述，记录了建国之前的周人祖先建立王都的场景：“古公亶父，来朝走马。率西水浒，至于岐下。爰及姜女，聿来胥宇。周原膴膴，堇荼如饴。爰始爰谋，爰契我龟。曰止曰时，筑室于兹。迺慰迺止，

① Joseph Needham, et al., *Science and Civilization in China*, vol. 4, pt. 3, “Civil Engineering and Nautics”, (Cambridge: Cambridge University Press, 1971), p. 71.

图7 现代中国一座有城墙的城邑，宁夏王爷府，摄于1923年

迺左迺右。迺疆迺理，迺宣迺亩。自西徂东，周爰执事。乃召司空，乃召司徒。俾立家室，其绳则直。缩版以载，作庙翼翼。捄之陾陾，度之薨薨。筑之登登，削屡冯冯。百堵皆兴，鼛鼓弗胜。迺立皋门，皋门有伉。迺立应门，应门将将。迺立冢土，戎丑攸行。”①

诗中描述了古代中国核心城邑的基本情况：它依据规划建立在一片广袤空旷的土地上（图8），包含一座夯土城墙及其内部的重要建筑（图9），作为新的宗族建立者或宗族族长的政治据点而存在（诗中所述为姬姓氏族之中的周族统治者）。值得一提的是，诗中所述的这座城邑，在沉寂了3000年之后，已在陕西中部的岐山脚下被发现，并开始了考古发掘。②（图10、图11）

中国的北方星罗棋布着成百上千的此类城邑，近几十年来，许多三代时期的此类遗址陆续被发现。实际上，夏代的考古学表现仍存在争议，但是越来越多的学者认为二里头文化即

---

① 《诗经·大雅·绵》。英译文引自Bernhard Karlgren，*The Book of Odes*（Stockholm：Museum of Far Eastern Antiquities，1974），pp. 189～190。

② K. C. Chang，*The Archaeology of Ancient China*（New Haven：Yale University Press，1977；rpt. 1981）. 该书附录中“Highlights of Chinese Archaeology，1976—1980”一篇是对周原当代考古的概述。

图8　这件汉代瓦当上的“四神图”是古代中国城邑的缩影，它标示出了城邑的方形结构和基本方位。四方神兽分别为北方玄武（下）、南方朱雀（上）、东方青龙（左）和西方白虎（右）

为夏文化[①]。据传统文献记载，夏代辖山西西南及河南西北，河南中部的嵩山为其圣山[②]。自20世纪50年代开始发掘的二里头文化遗址，即发现于这一区域。放射性碳数据显示，其年代

---

① K. C. Chang, “The origin of Shang and the problem of Xia in Chinese archaeology”, in *The Great Bronze Age of China: A Symposium*, George Kuwayama, ed.（Los Angeles: Los Angeles Museum of Art, 1983）, pp. 10～15.

② 对传统文献中夏代地理的概述，以严耕望的为最佳，《夏代都居与二里头文化史》，《大陆杂志》第61期（1980年），1～17页。

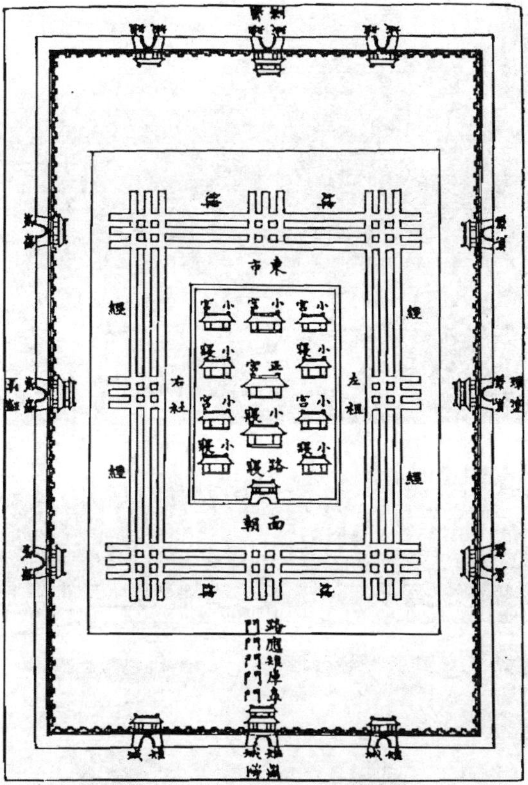

图9　周代王都洛阳的理想蓝图

方形城墙，每面三门，东西向和南北向分别有九条主要街道，王宫在王城正中，市场在王城北部，祖庙在宫殿之东，社稷坛在宫殿之西，朝堂在宫殿之南。所有建筑的主门都朝南开。

图10 《诗经·大雅·绵》中“周原”的近期发掘现场

上图为岐山脚下的周原，下图为先周时期房址建筑群基址。

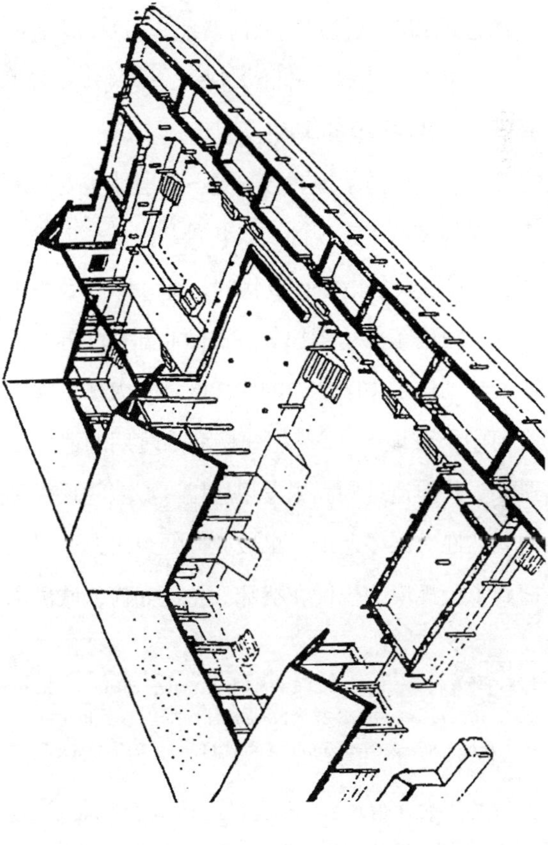

图11 陕西周原地区新发现的先周至周代早期房址复原图

界限为公元前3000年末期至公元前2000年初期，恰恰属于传统认为的夏代纪年范围。二里头遗址中发掘工作比较充分的是山西夏县东下冯遗址和河南登封王城岗遗址[①]。这两处遗址均发现有夯土城墙。根据《世本·作篇》记载，夏代建立者禹的父亲鲧，是最早建立城墙城邑的功臣。

商代的考古遗址目前发现有数十处，但殷墟（安阳附近，商代末期王都殷的废墟）发现的商代卜骨却提及了近千个城邑的名称。[②]这些城邑大多集中在夏代的东部，即今天的山东西部、河北南部、河南东部（图12）、安徽北部和江苏一带。周代早期的遗址，则位于中国北方的西部区域，大多发现于陕西中东部的渭河中下游地区。[③]其中一些商周时期的遗址发现了夯土城墙遗存，其他遗址则尚未发现城墙。城墙的缺失可能是考古学上的偶然性。很多遗址尚未被充分调查研究，很多遗址可能已经遭到了大规模的侵蚀和扰乱。无论如何，城邑本身要

---

① 关于这两处夏代遗址的简况，请参见Chou Yung- chen，“The search for the Hsia culture”，*China Reconstructs* 27（November 1978），pp. 48 ~ 50。

② K. C. Chang，*Shang Civilization*（New Haven：Yale University Press，1980），p. 210.

③ 关于商周时期遗址的地理分布请参见K. C. Chang，“Sandai archaeology and the formation of states in ancient China：Processual aspects of the origins of Chinese civilization”，in *The Origin of Chinese Civilization*，ed. David N. Keightley（Berkeley：University of California Press，1983），pp. 495 ~ 521。

图12　河南郑州商代城墙断面，现存高度约2.5米

比城墙重要得多。当防御需求不甚重要之时，城墙就可有可无了。有的城墙也可能以木质材料建成。夯土城墙存在与否，不会影响城邑的规划和政治功能。三代政治版图上星罗棋布的数千座城邑，因数条隐形的线索而相互关联，形成行政管理和财富分配的等级制度。城邑的等级在很大程度上与氏族和宗族的等级相一致。古代中国的每个国家（state）或“国”，都是不同等级的城邑链接而成的城邑网络。在三代之初，此类“国”遍布各处，每个“国”可能都包含有少量城邑。随着时间的推移，“国”的数量越来越少，但每个“国”所包含的城邑数量却越来越多，这是持续不断的武力征服的结果。根据顾祖禹（1624—1680年）的统计，大禹时期有上万个“国”，到商

代创立者汤时期，“国”的数量骤减至3000多个。到了商代征服者周武王时期，仅存1800个“国”。东周开始时（公元前771年）仅有1200个“国”。春秋末年（公元前481年）“国”的数量降至100个左右，其中仅有14个是主要国家。①

不同等级城邑之间的互动包括了政治联盟、贸易、战争和婚姻。摇摆不定的政治联盟减少了单个城邑和“国”等政治单元的数量。在三代时期的每个朝代，总有一个“国”占据着最为突出的地位。夏、商、周三国，只不过是同时期各国中最突出的国，而并非唯一存在的“国”。

关于婚姻活动的一些评论将有助于详细阐释关于宗族等级的讨论。

关于国之间婚姻关系的最早记载，与周代建立之前的周王王季和文王有关。《诗经·大雅·大明》记载，王季之妻来自殷商。

> 挚仲氏任，自彼殷商，
> 来嫁于周，曰嫔于京。
> 乃及王季，维德之行。

---

① 顾祖禹：《读史方舆纪要》卷1。

大任有身，生此文王。[1]

此外，文王也有一位妃嫔来自殷商，相关记载也见于《诗经·大雅·大明》：

天监在下，有命既集。
文王初载，天作之合。
在洽之阳，在渭之涘。
文王嘉止，大邦有子。
大邦有子，伣天之妹。
文定厥祥，亲迎于渭。
造舟为梁，不显其光。
有命自天，命此文王。
于周于京，缵女维莘。
长子维行，笃生武王。
保右命尔，燮伐大商。[2]

---

① 英译文引自Karlgren，*The Book of Odes*，p. 188。这段婚姻也记载在《诗经·大雅·思齐》中。

② 英译文引自Karlgren，*The Book of Odes*，p. 188。

尽管诗中并未明确指出文王的这位新娘来自商，“大邦”一说仍使学者们猜测她是商人。据可靠文献记载，莘属商王领地[①]。顾颉刚曾引用《易经》中“帝乙归妹”[②]一说来讲述同一个故事，即帝乙将女儿嫁给周文王。若此说属实，在这一婚姻发生之时，嫁女之族（商）的政治地位要高于迎娶之族（周），这与一些民族志中所见政治联姻的相对地位基本一致。[③]

周代晚期有更为详细的关于族群之间通婚情况的记载，通过这些记载，我们发现周代晚期与此前的情况略有不同。古代中国可能允许双方交表婚（bilateral cross-cousin marriages）。也就是说，一个男性可以迎娶其父亲的姐妹之女或者其母亲的兄弟之女。周代文献中记载的亲属称谓有力地支持了这一论断。[④]

舅：母亲的兄弟；丈夫的父亲；妻子的父亲。

姑：父亲的姐妹；丈夫的母亲。

---

① 莘实为一个小国，汤之相伊尹就来自莘。

② 顾颉刚：《周易卦爻辞中的故事》，《燕京学报》第6期（1929年），979页。

③ E. R. Leach，“Structural implications of matrilateral cross-cousin marriage”，in Leach，*Rethinking Anthropology*（London：London School of Economics，1961；orig. pub. 1951）.

④ 关于古代中国亲属称谓制度研究最为权威的论著，请参见芮逸夫：《中国民族文化及其论稿》，台北：艺文印书馆，1972年，723～1028页。

甥：姐妹的儿子；父亲姐妹的儿子；母亲兄弟的儿子；妻子的兄弟；姐妹的丈夫；女儿的丈夫。

双方交表婚被认为是一种相当灵活的社会习俗，在特殊情境之下可以进行较大范围的特定调整。有几位学者已经注意到了古代中国的这一习俗。[①]在双方交表婚的框架中，这种联姻在某种情况下有时会出现一边倒式的侧重，或侧重于与父系一族联姻（仅迎娶父亲姐妹的女儿），或侧重于与母系一族联姻（仅迎娶母亲兄弟的女儿）。这种侧重点的游移往往取决于通婚双方的政治地位。父系交表婚往往发生在政治势力相当的族群之间，而母系交表婚则往往用来维持地位不对等的宗族之间微妙的动态平衡。有学者认为，商代王室内部的一些同族婚姻就是父系交表婚（patrilateral cross-cousin marriages）[②]，但是支持这一说法的证据本身仍存有争议，且除此之外古代中国尚未发现此类事例。

另一方面，东周文献中的一些有趣事例是实行母系交表婚的力证。

---

① Ruey, *Collected Works*, pp. 723～1028; Marcel Granet, *Chinese Civilization*（London: Paul, Trench, Trübner, 1930）, p. 157.

② K. C. Chang, "T′ien kan: A key to the history of the Shang", in Studies in *Early Civilization*, ed. David Roy and T. H. Tsien（Hong Kong: Chinese University of Hong Kong Press, 1978）, pp. 13～42.

1.《左传》中，通婚国家互称“甥舅之国”，这一称谓有力地证实了通婚国家之间维持不间断的母系交表婚关系的可能性。

2.《左传》中记载的此类不间断的婚配关系并不一定特指某两位特定统治者之间的真实关系，也可以指代两国之间的世代关联。《左传·昭公十二年》（公元前528年）中齐国被称为“王舅”，而其他事例则表明一些齐国的统治者迎娶过周王之女。

3. 根据我在《左传》中找到的一些关于婚姻的记载，不同氏族的不同宗族之间的通婚更倾向于单向通婚而非双向互惠的通婚。图13标示出了东土之国最强大的两个势力姬姓的鲁国和姜姓的齐国之间的一些婚姻关系。周王朝兄弟之国鲁国的国公，与姜姓氏族众多宗族之中的齐姓宗族之女结婚；而他们却基本不会将自己的姐妹或女儿嫁给齐国的统治者，而是将其嫁入其他国家。另一方面，齐国国公将齐国之女嫁于鲁国，却迎娶其他国家之女。尽管我们可以说，齐国（姜姓）将女子嫁于姬姓氏族之中，有时也迎娶姬姓氏族之女。有一点需要特别注意，某一特定宗族嫁出和迎娶之女所出之宗族一定是不同的，哪怕这些不同的宗族都属于姬姓氏族。以宗族而非氏族进行比较，我们可以清晰地看出，单向通婚所交换的女子要多于另一种方式。

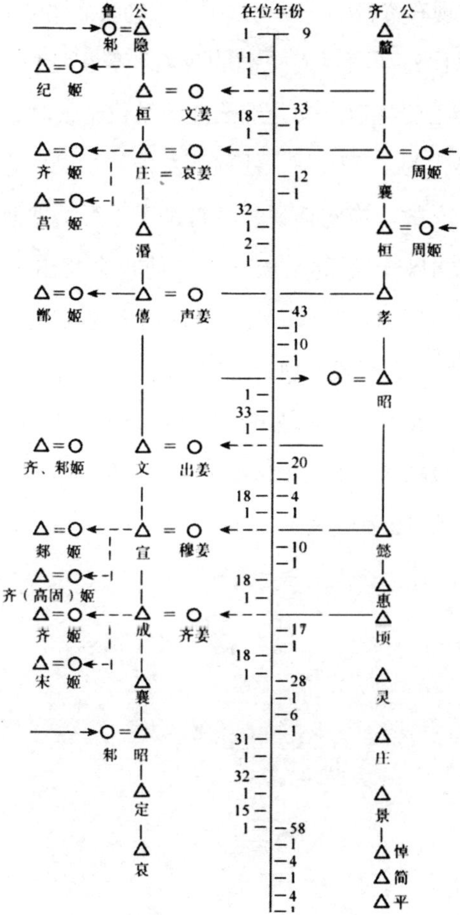

图13 《左传》中记载的部分鲁国国公与齐国国公的婚姻关系（公元前722—前468年）

4. 在现有资料中，甥舅之国之间的政治地位是不同的，迎娶者似乎比嫁予者具有更高的政治和祭祀地位。[①]有意思的是，当帝王要将他的女儿嫁给他的某位诸侯时，他会请兄弟国的诸侯代为“送亲”。杜预《左传》注说，这是因为“位有尊卑”之故。换句话说，尽管帝王不得不把他的女儿嫁给政治地位相对较低的宗族之人，他也会想出一种折中的办法，以免宗族的尊严因为女儿低嫁而蒙受损失。

综上所述，三代的现存证据表明，古代中国的政治版图上星罗棋布着成百上千的城邑，这些城邑隶属于分立的氏族和宗族成员。城邑之间则依据亲缘关系及各种居民互动模式，在政治等级体系中相互关联。

---

① Francis L. K. Hsu，“Observations on cross-cousin marriage in China”，*American Anthropologist* 47（January-March 1945）：83 ~ 103.

第二章　道德权威与强制权力

前章所述城邑以及宗族氏族的等级制度描绘了权力构成的理想模式，这种体制在大多数时候是行之有效的，但最多只能达到一种微妙的平衡。那些自称神圣而正统的氏族，都在为争夺各自在传说观念中的正统地位而努力。而在经过历年繁衍和层层分支后，这些氏族内部的世系已逐渐分散，其身份诉求也更加细化、更加具有相对性且日益松散模糊。然而，亲缘关系不能始终停留在这种模糊不清的等级状况中，要达到体制的相对平衡，必须引入其他因素。

天下群雄并立，在能够影响政治平衡的诸多因素中，对累世功勋的价值评估至关重要。生而为统治者是远远不够的，当权者必须通过确立丰功伟绩，来获得被统治者的支持，进而获得统治权。《诗经·皇矣》描述了夏商覆亡而周朝天命所归的原因："皇矣上帝，临下有赫。监观四方，求民之莫。维此二国，其政不获。维彼四国，爰究爰度。上帝耆之，憎其式廓。乃眷西顾，此维与宅。”①

上帝通过判断施政的得失与统治者的俭奢来决定统治权的授予，这就是所谓的“天命”。“天命”一词将统治权的归属归因于“天”的选择，这是周人观念的反映②。夏商之人是否也有此观念尚不得而知。但无论以上帝观之或以被统治者观之，“应而得之”进而获得统治地位的观念，至少可以追溯到商代。至于夏代，它并未从其前代攫取统治权，也就无须为其至高无上的统治地位寻求道德辩护。商代则不然，商为灭夏而建，须以充分理由来解释自己的所作所为。《尚书》中有一条文献据传为汤（商之建立者）在讨伐桀（夏之末代君王）的途中对其子民的一段讲话：“格尔众庶，悉听朕言，非台小子，敢行称乱！有夏多罪，天命殛之。今尔有众，汝曰：‘我后不恤我众，舍我穑事，而割正夏？’予惟闻汝众言，夏氏有罪，

---

① 英译文引自Bernhard Karlgren，*The Book of Odes*（Stockholm：Museum of Far Eastern Antiquities，1974），p. 194。

② 傅斯年的《性命古训辨证》（李庄：“中央研究院”历史语言研究所，1940年）、郭沫若的《青铜时代》（重庆：文艺出版社，1945年）均对周人的“天命论”做了细致的讨论。英文论著可见：Donald J. Munro，*The Concept of Man in Early China*，（Stanford：Stanford University Press，1969），pp. 84～90；K. C. Chang，*Early Chinese Civilization*（Cambridge，Mass.：Harvard University Press，1976），pp. 191～192。

予畏上帝，不敢不正。今汝其曰：‘夏罪其如台？’夏王率遏众力，率割夏邑。有众率怠弗协，曰：‘时日曷丧？予及汝皆亡。’夏德若兹，今朕必往。尔尚辅予一人，致天之罚，予其大赉汝！尔无不信，朕不食言。尔不从誓言，予则孥戮汝，罔有攸赦。”[①]纣（商之末代统治者）之命运与桀之命运相同，他的统治终因其暴虐行径招致民愤而被周人推翻。孟子将桀、纣二人并称为“残贼之人，谓之一夫”。在他看来，歼灭此类君王是公正的惩罚，而绝非弑君之罪。[②]

因此，政治王朝会因统治者施政无道而衰落，并永久失去统治资格。反之，新王朝的建立者顺应民意，通过推翻旧王朝实现其丰功伟绩。所以，古代中国的王朝更替与文明的兴衰无关，仅仅意味着特定社会集团变化不定的政治命运，而这些政治集团的政治命运又与其统治者是否拥有统治天下的道德权威有关。

诚然，君王因功绩卓著而获得统治权的想法有儒家思想的色彩[③]，但商周王朝确实以之作为取得统治权的依据，这是古

① 《尚书·商书·汤誓》，英译文引自Karlgren，*The Book of Documents*，p. 20。

② 《孟子》卷1，英译文引自D. C. Lau，Mencius（Harmondsworth：Penguin，1970），bk. 1，pt. B。

③ Donald J. Munro在其著作*The Concept of Man in Early China*中称道德主张为儒家“通往特权之路”（“path to privilege”）。

代中国统治艺术的一部分。《尚书》中的一些记载可以证明这一观点。此外，如上段《尚书》引文所述，新王朝的道德权威不过是一个方面。另一方面则是“威胁”，即“尔不从誓言，予则孥戮汝，罔有攸赦”。那么，到底是什么样的强制力量使得统治集团能够实现这种威胁呢？

宗族（“族”）本身可能就是强权政治最重要的社会机构，族规（tsu rules）是社会的基本法律。“甲骨文的‘族’由两部分组成，上部的旗帜及下部的箭头（图14）。丁山认为‘族’最初代表的是一个军事单元，这个解释被广泛接受。古代中国旗帜与军事单元密切相关是众所周知的情况。卜辞中的族表现为军事活动中的行动单元，其规模大致是一百人，即来自一百个家庭的一百个成年男性。”[①]因此，一族之长不仅是一个宗族或支族的首领，也是一位军事指挥官，他对族内日常事务及军事事务的指令均须严格执行。任何对族长的反抗势必遭受严惩，会被处以刖刑或极刑。有一种说法是，代表所有宗族最高首领的“王”字的本形就是行刑所用之斧钺[②]（图15）。在青铜时代的中国，青铜的一个主要用途就是制作兵器，

① K. C. Chang, *Shang Civilization*（New Haven: Yale University Press, 1980）, p. 163.

② 林沄：《说“王”》，《考古》1965年第6期，311～312页。

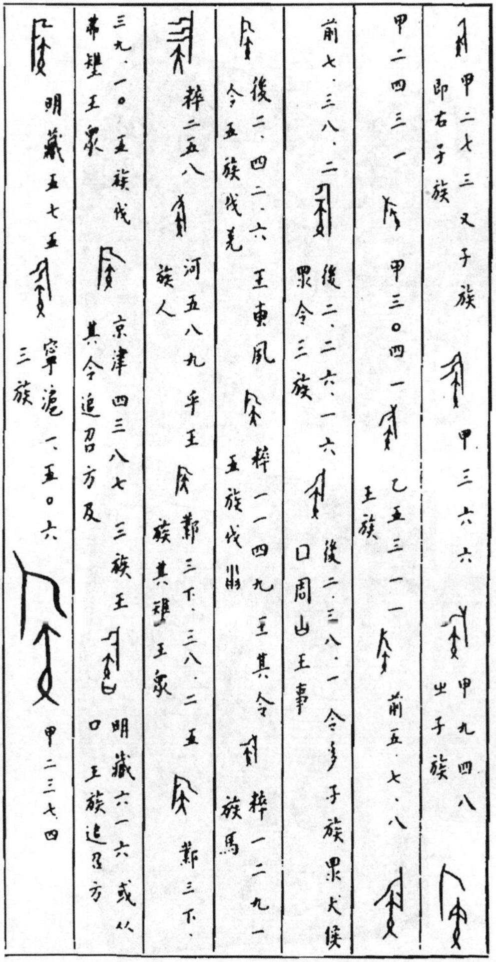

图14　商代甲骨上大小不一、形态略有差异的“族”字

图15 商代的两件青铜钺

左侧（高约32厘米）出自山东益都苏埠屯一处与商并存的国家遗址，右侧（高约40厘米）出自河南安阳殷墟。

图16　殷墟新发现的商代车马遗存

也用以制作令人闻之胆寒的马力战车的关键部位（图16）。

在三代时期，族内的行为准则被编纂成宗族礼法。中国法律史研究者大多认为这些宗族礼法其实就是当时的法律[①]。族长们的权力首先表现为对其氏族成员的礼法约束。同一父系氏族的成员将其本源追溯至同一男性祖先，这一行为在祖先祭祀

① 请参见梅宗契：《法与礼》，谢冠生、查良鉴编《中国法制史论集》，台北：中国文化学院法学院，1968年，137～145页。另见书中的其他几篇论文。中国古典文献对“法”（或“刑”）与“礼”之间的关系向来有清晰的论述。《大戴礼记·礼察》有“礼者，禁于将然之前；而法者，禁于已然之后”，孔子《论语·为政》有“道之以政，齐之以刑，民免而无耻；道之以德，齐之以礼，有耻且格”。［英译文引自D. C. Lau，tr.，*Confucius: The Analects*（Harmondsworth：Penguin，1979），p. 63。］

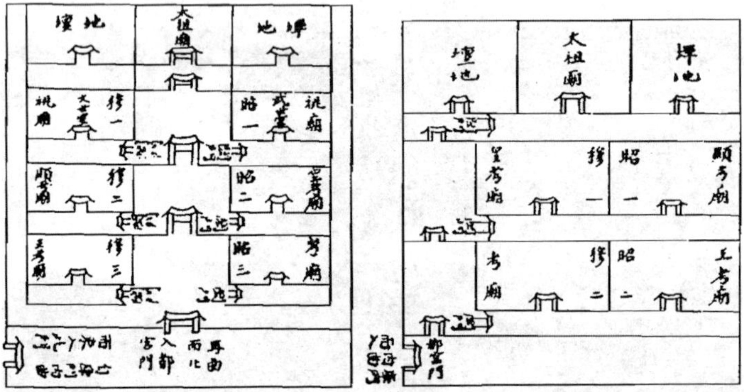

图17　两个等级的祖庙

左侧为周代王室祖庙，开国者的祖庙居中，两侧各有三个远古祖先祖庙。右侧为诸侯祖庙，两侧分别有两个祖庙。

活动中得到了体现和强化。《仪礼》记载了这些相关仪式的大量程序和细节，但更为人熟知的是这些祭祀礼仪中的一些具象化的内容。首先，祖庙不仅为祭祀活动提供场所，其本身亦作为祭祀和国家事务中心的象征。祖庙的等级①可能与宗族分支等级相一致（图17）。《左传·襄公十二年》（公元前562年）提到了三个等级的亲缘组织，即姓、宗、族。祖庙也有三个等级，即宗庙、祖庙、祢庙。每个组织都会首先建立一个与其等级相一致的祖庙作为维持其亲缘秩序的中心。从《礼记·曲

① 凌纯声：《中国祖庙之起源》，《“中央研究院”民族研究所集刊》第7期，1959年，141～184页。

礼》中，我们看到：“君子将营宫室，宗庙为先，厩库为次，居室为后。凡家造，祭器为先，牺赋为次，养器为后。”①祖庙及其相关设施的重要性反映了祖先祭祀在周代社会制度中的重要性。《礼记·祭统》对此有明确记载：“凡治人之道，莫急于礼。礼有五经，莫重于祭。夫祭者，非物自外至者也，自中出生于心也；心怵而奉之以礼。是故，唯贤者能尽祭之义。”②为了强化这些“自中出生于心”的规则，统治者会定期审查各诸侯国是否依照礼法举行祭祖仪式。根据《礼记·王制》记载，帝王一旦发现祭祖仪式没有严格遵循礼制，诸侯会被贬黜。敌对国家也会通过摧毁某个国家的宗庙并劫获具有象征意义的财物，来确定其对一个国家及其政体的征服。③

如果说祭祀仪式及其祖庙、碑牌和财物等实用设施是对宗族之间精诚团结的认可、提示与象征，神话传说则给予了这些宗族存在的理由。英雄传说中的氏族祖先，几乎无一例外，皆功勋卓著，并因其功绩而荣享后世的祭祀。《国语·鲁语》和《礼记·祭法》提出了神话先祖在祭祀活动中占据一席之地

① 英译文引自James Legge，Li Ki，in *The Sacred Books of the East*，vol. 27（Oxford：Clarendon Press，1885），p. 105。

② 英译文引自James Legge，Li Ki，in *The Sacred Books of the East*，vol. 27（Oxford：Clarendon Press，1885），p. 236。

③ 《左传·襄公二十一年》（公元前552年）、《左传·宣公三年》（公元前606年）。

的标准：“夫圣王之制祭祀也：法施于民则祀之，以死勤事则祀之，以劳定国则祀之，能御大菑则祀之，能捍大患则祀之……非此族也，不在祀典。”[①]这说明，神话先祖通过其功绩来确立地位，而不仅仅依靠出身，这一点前文已有论述。神话传说是商周时期祖先祭祀礼制中不可或缺的一部分，“‘显贵祖庙’的好处就是可以使其支离破碎的传统世代相传，以彰显先祖的贤德与仁治，凸显对手的违逆与邪恶及其必将一败涂地、丧失祭祀的下场”[②]。这种思想在《礼记·祭统》中也有反映：“子孙之守宗庙社稷者，其先祖无美而称之，是诬也；有善而弗知，不明也；知而弗传，不仁也。”王朝统治者们通过宣扬其功绩来获取最为丰厚的回报，当然各阶层的统治者也通过积累功勋来争取和巩固自身地位。宗族的祖先肯定也是文化英雄。姒姓始祖、夏朝创立者大禹有治洪之功。在先商历史记载中，子姓始祖契作为大禹王廷的官员曾协助大禹治水。《史记》（公元前1世纪司马迁所作）记载，商朝创立者汤有大贤德，纵其网开一面仍有飞禽走兽甘愿为其捕获。而汤本身也的确值得称颂，他曾为祈雨而身投火海，幸得天降甘霖扑灭大

① 英译文引自James Legge，Li Ki，in *The Sacred Books of the East*，vol. 27（Oxford：Clarendon Press，1885），p. 26～28。

② Bernhard Karlgren，“Legends and cults in ancient China”，*Bulletin of the Museum of Far Eastern Antiquities* 18（1946）.

火，才幸免于难。而周朝姬姓宗族的祖先后稷则是一位仁善英雄，他为子民带来了小米、豆子等农作物。

三代之前的传说中，帝王都是各显神通的文化英雄，至少在周朝末期及汉代为其著书立传的后世传述中确为如此。三皇五帝之中功绩最为突出的是黄帝（图18）。他是诸位圣贤先祖中最勇武善战的勇士：他在河北涿鹿击败了强大的对手蚩尤，完成了中国历史上第一场大规模战争。他还发明了车、船、镜子、造屋之术、锅与甑、弩和蹋球的游戏。黄帝的臣子们也有一些不错的发明：仓颉造字，伶伦作乐，大桡作甲子，雷公、岐伯作医书。[①]

① 袁珂：《中国古代神话》，北京：中华书局，1960年，136页。

图18　公元2世纪武梁祠画像石上的黄帝画像

第三章　巫术与政治

大概公元前500年的一天，春秋霸主楚国国君楚昭王（公元前515—前489年）在读完《尚书·吕刑》篇后陷入了沉思。该篇据称为公元前11世纪末周穆王诰封吕侯的诏书，其中提及帝颛顼“命重、黎绝地天通”。读到这里，楚昭王深感疑惑，转而问臣子：“如果重、黎没有隔绝天地，人民就能通天吗？”于是，臣子就给他讲述了“绝地天通”的神话故事。这 事件被记录在了公元前4世纪的《国语》中。

“古代人与神不相混杂。当时有些人非常聪颖敏睿、忠心不二并且虔诚衷正，因此其智慧能辨识天地、其洞察力可光照渊远。有此能力之人，男称‘觋’，女称‘巫’。他们在祭祀仪式中负责安排诸神灵之位次、向诸神灵献祭，抑或主持宗教事务。圣灵与世俗因而得以各居其界、各司其事。诸神灵为民众降下福祉，收受祭品，并保佑民间无灾无难。经历了少皞时代（传统上认为是公元前26世纪前后）的大衰落，九黎乱德，神灵与民众杂糅一处，各家各户根据各自需要自行祭祀。因而，民众亵渎神灵，神灵侵扰民间，天灾不断。于是，少皞的继位者颛顼（图19）命令南正重掌管天事、命令火正黎掌管地事以使神灵与民众各归其位。这就是所谓的‘绝地天通’。”①

这个神话故事是关于古代中国巫术最重要的文献记载，它为解读巫术在古代中国政治中的核心作用提供了至关重要的线索。天是一切人类事务的智慧源泉，正如周代末期的哲学家墨

① 引自Derk Bodde，“Myths of ancient China，” in *Mythologies of the Ancient World*，ed. Samuel N. Kramer（New York：Doubleday，1961）。此神话由《国语·楚语》而来。

《国语·楚语》原文为：“古者民神不杂，民之精爽不携贰者，而又能齐肃衷正，其智能上下比义，其圣能光远宣朗，其明能光照之，其聪能听彻之，如是则明神降之，在男曰觋，在女曰巫。是使制神之处位次主，而为之牲器时服，而后使先圣之后之有光烈，而能知山川之号、高祖之主、宗庙之事、昭穆之世、齐敬之勤、礼节之宜、威仪之则、容貌之崇、忠信之质、禋洁之服，而敬恭明神者，以为之祝。使名姓之后，能知四时之生、牺牲之物、玉帛之类、采服之仪、彝器之量、次主之度、屏摄之位、坛场之所、上下之神，氏姓之出，而心率旧典者为之宗。于是乎，有天地神民类物之官，是谓五官，各司其序，不相乱也。民是以能有忠信，神是以能有明德，民神异业，敬而不渎，故神降之嘉生，民以物享，祸灾不至，求用不匮。及少皞之衰也，九黎乱德，民神杂糅，不可方物。夫人作享，家为巫史，无有要质。民匮于祀，而不知其福。蒸享无度，民神同位。民渎齐盟，无有严威。神狎民则，不蠲其为。嘉生不降，无物以享。祸灾存臻，莫尽其气。颛顼受之，乃命南正重司天以属神，命火正黎司地以属民，使复旧常，无相侵渎，是谓绝地天通。”

图19　公元2世纪武梁祠画像石上的颛顼画像

子所说："鬼神之明智于圣人，犹聪耳明目之与聋瞽也。"[①]想要掌控政治权力，拥有此类智慧必不可少。在此之前，每个人都可以通过巫觋来接触到这种智慧。可自从"绝地天通"之后，只有掌控通天之路的人才拥有此种智慧，进而掌控权力，从而统治天下。巫觋因此成为每个国家宫廷的重要组成部分。研究古代中国的学者们认为帝王自己就是巫觋之首。[②]

如果重新审视三代开国君王的丰功伟绩，我们会发现这些功绩或多或少都带有一些神幻和超自然的色彩。大禹力大无穷可力挽狂澜，他的步法即所谓"禹步"，是后世巫觋所用的一种特定步法。[③]如我们所知，商汤可祭祀祈雨，后稷具有使庄稼生长得更丰盛更快速的特殊才能。这些传统信仰得到了商代甲骨文的印证，这也说明帝王确为巫觋之首。"卜辞中常有王卜王贞之辞，乃是王亲自卜问，或卜风雨或卜祭祀征伐田游。

① 《墨子·耕柱》。英译文引自*The Ethical and Political Works of Motse*（London：Probsthain，1929），p. 212。

② 陈梦家：《商代的神话与巫术》，《燕京学报》1936年第12期，485～576页。李宗侗：《中国古代社会史》，台北：华冈出版有限公司，1954年，118～125页。杨向奎：《中国古代社会与古代思想研究》，上海：上海人民出版社，1962年；在书中，杨先生认为重黎神话的实质是"国王们断绝了天人的交通，垄断了交通上帝的大权"（164页）。

③ 陈梦家：《商代的神话与巫术》，《燕京学报》1936年第12期，535～536页。

又有‘王固曰’的卜辞，固即是叶，其所叶者为雨启霾辉等天狮之事，边鄙之事及祸疾之事，卜辞惟有王才固。卜辞说‘今日王祝’，是王亲祝。卜辞说‘壬子卜何贞王舞又雨’是王亲舞求雨。卜辞说‘丁未王贞多畏梦，亡来鄀’是王亲占所梦。凡此王兼为巫之所事，是王亦巫也。”①

帝王当然不是唯一的巫觋，他有很多宗教人物作为辅助，这些人并非严格意义上的“shamanistic”（萨满教徒）。本文中的“shaman”一词大致与Arthur Waley所言意义相同：“在古代中国祭祀神灵的仪式中，充当人神沟通的媒介之人叫作‘巫’。在古代典籍中，他们是驱魔、预言、算命、求雨和解梦的专家。有一些巫会跳舞，人们认为他们通过跳舞来召唤神灵……他们也是巫医，至少后来他们有一种治疗方法就是去冥界抚慰死神，西伯利亚的萨满就会这种巫术。中国的‘巫’确实与西伯利亚和通古斯的萨满行使着极其相似的职能，所以用‘shaman’作为‘巫’的英文翻译还是很便宜的。”②

关于古代中国巫术最广为人知的证据就在《楚辞》之中。《楚辞》共收录了17篇诗歌，其中大部分为楚国屈

① 陈梦家：《商代的神话与巫术》，《燕京学报》1936年第12期，535页。

② Arthur Waley, *The Nine Songs: A Study of Shamanism in Ancient China* （London: Allen & Unwin, 1955）, p. 9.

原（公元前340—前278年）所作。《楚辞·九歌》篇有如下描述："灵偃蹇兮姣服，芳菲菲兮满堂；五音纷兮繁会，君欣欣兮乐康。"[①]《云中君》篇中有"歌舞娱神"的情境描述："浴兰汤兮沐芳，华采衣兮若英；灵连蜷兮既留，烂昭昭兮未央；蹇将憺兮寿宫，与日月兮齐光；龙驾兮帝服，聊翱游兮周章；灵皇皇兮既降，猋远举兮云中；览冀洲兮有余，横四海兮焉穷；思夫君兮太息，极劳心兮忡忡。"[②]此情此境更像在倾诉爱情，显然巫觋（或诗中的巫女）最基本的角色就是以诱人的歌舞吸引神灵下凡（图20）。那么，在屈原时代（公元前4世纪）之前，巫术就是自楚国流传开来的习俗吗？这是毋庸置疑的。关于巫术的其他地域或者更早年代的记载皆不及《楚辞》明晰，仍需进一步研究。首先，本章所引《国语》（可能略早于屈原时代）中与楚昭王（公元前515—前489年在位）有关的篇幅中即有相关内容。《山海经》也多次（准确来说是23次）提到了"巫"，并涉及了与巫术起源相关的山脉（图21）。周策纵也提出过一个很有意思的研究观点，那就是"巫

① 《楚辞·九歌》。英译文引自David Hawkes，Ch´u Tz´u：*The Songs of the South*（Oxford：Clarendon Press，1959），p. 35。

② 《楚辞·云中君》。英译文引自David Hawkes，Ch´u Tz´u：*The Songs of the South*（Oxford：Clarendon Press，1959），p. 37。

图20《楚辞》中的“云中君”下凡图

图21 《山海经》中的群巫图

者最早使用药物”，并把医术传授给了古代的君主和圣贤。[1]

《楚辞》之前关于古代中国巫术最有力的证据存在于商代工艺品中，也就是甲骨文和商代艺术中的动物形象。艺术是第四章的主题，下面我们简单地讨论一下甲骨。[2]

公元前3000年，居住在中国北方的人们最早开始使用动物肩胛骨进行占卜（通过灼烧兽骨并释读其裂痕）。[3]到了商代，这种占卜方式达到了巅峰，并发展出了三个新的特点：龟壳与动物肩胛骨并行使用；卜骨的准备工作更加繁复（为便于灼烧而提前凿出一些圆形或细长的凹槽）；在卜骨上刻字（图22、图23）[4]。商灭亡之后，周人延续了用兽骨占卜和刻字的活动，但是规模日益缩小，继而消失殆尽。然而灼烧动物肩胛骨进行占卜的习俗仍然在北半球的新旧大陆上广泛流传，直至近代才完全消失。[5]

---

① 周策纵：《中国古代的巫医与祭祀、历史、乐舞、及诗的关系》，《清华学报》新12卷（1979年），1～59页。

② 关于这一方面的详细研究请参见David N. Keightley，*Sources of Shang History*，（Berkeley：University of California Press，1978）。

③ K. C. Chang，*The Archaeology of Ancient China*（New Haven：Yale University Press，1977），pp. 175～180，189.

④ K. C. Chang，*Shang Civilization*（New Haven：Yale University Press，1980），pp. 32～33.

⑤ Keightley对欧洲至北美洲北半球区域在历史时期流行的兽骨占卜做了简要的介绍，请参见Keightley，*Sources of Shang History*，pp. 4～5。

图22　商代刻辞肩胛骨

图23　商代刻辞龟甲（长约25厘米）

商代的占卜活动专为其宗教仪式与政治目的而进行，大多由商王直接监督在宫廷中完成，包括巫觋等宗教人物在内的大量臣子皆参与其中。首先，占卜用的兽骨主要为外来品，半数为家牛或水牛（Bubalus mephistopheles）的肩胛骨，半数为龟的腹甲。龟甲多为来自中国南方的龟类（中华花龟 Ocadia sinensis，黄喉拟水龟 Mauremys mutica，闭壳龟属 Cuora species）。兽骨的缺乏，或许恰恰促进了作为天人交通工具的卜骨的品质提升。这些兽骨都经过了精心的处理——刮擦、抛光，可能还要经过浸泡和晒干，最后被雕凿出整齐排列的凹槽。仪式期间，占卜者在凹槽的底部进行加热，便可在甲骨的另一面制造出细如发丝的裂纹，通过解读这些裂纹，他们可以得到向祖先问询问题的答案。帝王有时会直接向占卜者询问，但大多数时候是通过作为媒介的“贞人”（inquirer）来提问。裂纹通常由“卜人”（prognosticator）来解读，“卜人”可由占卜者兼任，但通常由帝王亲自担任。

如何解读卜骨上的裂纹，尚不得而知。何种裂纹可以称之为“吉”，我们有时可以从其相邻的卜辞来判断，但其解释方法似乎与裂纹的形状和角度并无系统关联。[①]或许占卜者每次

① 张秉权：《殷墟卜龟之卜兆及其有关问题》，《“中央研究院”院刊》1954年第1期，231～245页。

灼烧卜骨时都要使用不同的语言或精神系统来与祖先沟通[①]，若是如此，这些系统的细节应该已遗失。占卜者有时会在占卜完成后在裂纹旁刻字以记录其提出的问题，偶尔还会记录下裂纹显示的答案。从这些卜辞中，我们可以看出，帝王在筑城、征战、狩猎、巡游或举行特别祭仪之前，都倾向于通过占卜来取得其祖先的赞成或认可。他有时还会请祖先告知当晚或本周的命运、为其解梦、求问其子嗣的降生或者询问关于其病痛甚至牙疼等问题。学者们根据卜辞来探讨帝王的宗教和礼仪生活以及商代文化和社会各个方面的情况。

商代的占卜活动就是商代巫术的体现吗？卜辞表明，商代的占卜是直接询问久别人世的祖先，占卜者充当媒介的角色。卜辞中经常会遇到“宾”这个字，这个字在后世的文献中通常被解释为“待客”或“做客”的意思。在甲骨文中，“宾”字常置于“王”字与代表上帝的“帝”字或某个特定祖先的名字之间。含有以上文字的这类短句有时被解释为“帝王招待某位先祖”或“帝王招待上帝”[②]，其解释实则更接近于“帝王召

① 根据林声的《云南永胜县彝族（他鲁人）“羊骨卜”的调查和研究》（《考古》1962年第2期，98～102页）：居住在中国西南地区云南省永胜县的他鲁人仍然在通过灼烧羊的肩胛骨进行占卜。在每次仪式开始前，不论占卜者祈求的是吉兆或是凶兆，他都会在祷辞中预言裂纹的种类。裂纹出现后，他会据此进行释读。

② 岛邦男：《殷墟卜辞研究》，东京：汲古书院，1958年，201页。

唤已逝祖先或上帝”。《山海经》中“启上三嫔于天”的说法表明，“宾”代指上达神界的人类首领而非其他。无论如何，商代确实存在一种仪式，可通过某些中间人使帝王与神灵相聚。占卜同样是努力使作为中间人的占卜者与神灵会面的活动。

我们还无法全面了解神灵下凡与巫觋或帝王飞升的途径。但乐舞显然是仪式的环节之一。酒或许也是其中一种：商人以嗜酒而闻名，他们设计了大量的青铜礼器用来盛酒。在巫觋沉浸在神奇的飞升过程之时，酒类等物质是否发挥了令人神思恍惚、虚幻迷离的作用呢？事实可能就是如此，但并没有确凿的证据来证明这一点。动物在商代祭祀艺术中所扮演的角色，或可为我们提供重要的研究线索。

第四章　艺术：通向政治权威之路

动物纹样是商代及西周早期青铜器上最著名的装饰特征。[①]商代安阳（the An-yang phase of the shang）时期，动物纹样发展到了巅峰；而以眼睛和面部轮廓为表征的早期兽面纹样，在商代中期的青铜器上已清晰可见。这些早期的兽面纹样很有可能与东海岸史前文化中黑陶和玉器上的装饰纹样有关。[②]及至商代晚期（安阳时期）到西周早期，动物图案则极

---

① Cheng Te-k′un，“Animal in prehistoric and Shang China”，*Bulletin of the Museum of Far Eastern Antiquities* 35（1963）：129～138；Li Chi，“Hunting records，faunistic remains，and decorative patterns from the archaeological sites of An-yang”；李济原著、陈奇禄节译：《安阳遗址出土之狩猎卜辞、动物遗骸与装饰纹样》，《台湾大学考古人类学刊》第9、10期合刊，10～20页。

② 林巳奈夫：《中国古代の獣面紋をそあぐつて》，《東京國立博物館美術志》301号，1976年，17～18页；又见氏著《殷王朝以前によける玉の文化》，《東京國立博物館美術志》334号，1979年，4～16页；巫鸿：《一组早期的玉石雕刻》，《美术研究》1979年第1期，64～70页。Jessica Rawson，*Ancient China：Art and Archaeology*（London：British Museum，1980），p. 78.

为复杂多变。容庚将这些动物纹样归类汇总为：饕餮纹、蕉叶饕餮纹、夔纹、两头夔纹、三角夔纹、两尾龙纹、蟠龙纹、龙纹、虬纹、犀纹、鸮纹、兔纹、蝉纹、蚕纹、龟纹、鱼纹、鸟纹、凤纹、象纹、鹿纹、蟠夔纹、仰叶夔纹、蛙藻纹。[①]安阳青铜器上的其他常见动物还有牛、水牛、羊、虎、熊、马和猪。

由此可见，这些纹样中的动物可以分为两类：其一为真实存在的动物，如犀牛、鸮、兔、蝉、蚕、龟、鱼、鸟、象、虎、鹿、蛙、牛、水牛、羊、熊、马和猪等；其二为现实中不存在、但见于古代文献中的神话动物，如下几类最具代表性（图24）：

1. 饕餮　公元前3世纪的《吕氏春秋·先识览》篇提到："周鼎（另一版本称"夏鼎"）著饕餮，有首无身，食人未咽，害及其身，以言报更也。"根据这一描述，北宋（12世纪）以来的中国传统古器物学家将商周青铜器上常见的此类兽面纹样定义为"饕餮纹"。

2. 肥遗　《山海经·北山经》有一段描述："有蛇一首两身（饕餮有首无身），名曰肥遗，见则其国大旱。"李济建议以"肥遗"命名"当中为正向兽面、左右有细长身体向外侧

---

① 容庚：《商周彝器通考》，北京：哈佛燕京学社，1941年。

图24　商代青铜器装饰纹样中的神话动物

第一行：饕餮。第二行：肥遗。第三行：夔。第四行：龙。

伸展的青铜器纹样”。[1]

3．夔 据《说文》（成书于公元100年），夔是一种“神魖也，如龙一足”的动物的名字。《山海经·大荒东经》描述其为：“其上有兽，状如牛，苍身而无角，一足，出入水则必风雨，其光如日月，其声如雷，其名曰夔。黄帝得之，以其皮为鼓，橛以雷兽之骨，声闻五百里，以威天下。”《庄子·秋水》（公元前300年）篇说：夔在与蚿（一种类似于千足虫的神话动物）的谈话中说它用“一足”跳来跳去。习惯上，古器物学家们也用“夔”指代从侧面看来只有一腿、一足或一爪的神话动物（有两个或多个腿、足或爪的动物纹样被称为“龙”）。

4．龙 古代文献中最常见的神话动物就是“龙”，但文献中却找不到关于龙之形态的精确描述。《说文》将其描述为：“鳞虫之长，能幽能明，能细能巨，能短能长，春分而登天，秋分而潜渊。”闻一多将其定义为“交龙”或“两龙”，具体描述如下：“龙像马，所以马往往被呼为龙。……龙像狗，所以狗也被呼为龙。……此外还有一种有鳞的龙像鱼，一种有翼的又像鸟，一种有角的又像鹿。至于与龙最容易相混的

① 李济：《殷墟出土青铜斝形器之研究》，南港：“中央研究院”历史语言研究所，1968年，69～70页。

各种爬虫类的生物，更不必列举了。”[①]由于龙的形象非常灵活多变，古器物学家在使用这个词语的时候也非常灵活。青铜器纹样中难以定义的现实动物形象或者无法与神话形象（饕餮等）相对应的动物形象，都会被称为“龙”。

5. 虬 据王逸（公元2世纪早期）所注《离骚》，虬应该是一种无角龙。

诸如此类的神话动物名称均见于古代文献，现代学者常以其来命名商周青铜器上的特定动物纹样。那么，他们能将这些名称与纹样准确对应吗？如果一位商周时期的古人能看到我们的古器物研究著作，他会认出这些名称并且证实它们的用法吗？这就很难断言了。

尽管如此，就商周青铜器艺术中的动物纹样而言，有一些情况是不容置疑的。众所周知，这些动物纹样在商至西周早期大量涌现，并且成为青铜艺术的主要装饰纹样。它们涵盖了大量的动物种类，既有现实中真实存在的动物，也有仅见于古代文献中的神话动物。此外，还有两点必须说明：第一，商周青铜器上的动物纹样经常（即使并非总是如此）成对地以对称形式出现在器物表面。其基本装饰风格是围绕在器表的动物纹样

① 闻一多：《伏羲考》，《神话与诗》，北京：中华书局，1956年，25页。

装饰条带，这一装饰条带由凸棱分隔成以一个动物的侧面轮廓填充的多个装饰单元。当其中一个动物侧面轮廓朝向左侧时，与其相邻的左侧单元的动物侧面轮廓一般会朝向右侧，如此左右两侧共同构成了一个以凸棱居中分开的兽首整体轮廓。从中线上看，这两个动物的侧面轮廓既可看作是一个动物被从中分成两半后各自向两侧伸展，亦可看作是两个动物沿着面部中线组合在一起。如此，饕餮和肥遗的纹样可以看作是两个动物结合在一起或是一个动物从中间分开。关于这个问题，稍后我们还会展开讨论。第二，在少数商至西周早期的青铜器上，人和动物的形象会同时出现。最为著名的就是住友氏[①]和巴黎赛努奇博物馆[②]所藏对卣，其上有一个很小的人正在拥抱一个虎形动物，人头置于张开的兽口之下。人兽主题图案也出现在华盛顿弗利尔美术馆所藏的铜觥[③]和铜刀[④]、20世纪30年代安阳商代王室墓地东区出土的方鼎把手[⑤]、1976年小屯妇好墓出土

① 梅原末治：《新修泉屋清赏》，泉屋博古馆，1971年，62～65页。

② Vadime Elisséeff, *Bronzes archaique. chinois au Musée Cernuschi*, vol. 1（Paris：L´Asiathèque，1977），pp. 120～131.

③ John A. Pope，et al.，*Freer Chinese Bronze*. vol. 1（Washington，D.C.：Freer Gallery of Art，1967），no. 45.

④ 据作者所拍照片。

⑤ 陈梦家：《殷代铜器》，《考古学报》1954年第7期，15～59页。

的铜钺[①]钺身、1957年安徽阜南出土的铜樽[②]之上。除人兽并存外，上述青铜器还有其他共同特征：兽口张开，人头临近兽口或在其之下；人头或人身与兽首或兽身的中线垂直；动物纹样皆似虎形。当然其中也有一些重要差异：东京、巴黎和华盛顿的器物上，与人共存的是一个动物个体，而其他三件器物上则为两个相对的动物以利爪围困住人头；在有些器物上人只出现头部，而其他器物上的人则具有完整的身体；对卣的人兽拥抱在一起，而其他器物上人兽则是分离的。（图25）

对商周青铜器动物纹样意义的研究结论应该能解释以上所有特征，而非仅能解释其中某些特征。换句话说，关于动物纹样的问题，我们要研究的不是一个问题而是一系列问题：为什么商周时期制造青铜器要使用动物纹样？在商人的思想意识中，这些动物纹样发挥着何种功能？动物纹样之间为何会各有不同？为什么动物形象通常成对出现？为什么动物纹样会与人形纹样共存？为什么人兽主题图案会以如此与众不同的关联形式出现？

---

① 《安阳殷墟五号墓的发掘》，《考古学报》1977年第2期，图版13.2。

② 葛介屏：《安徽阜南发现殷商时代的青铜器》，《文物》1959年第1期，封面。

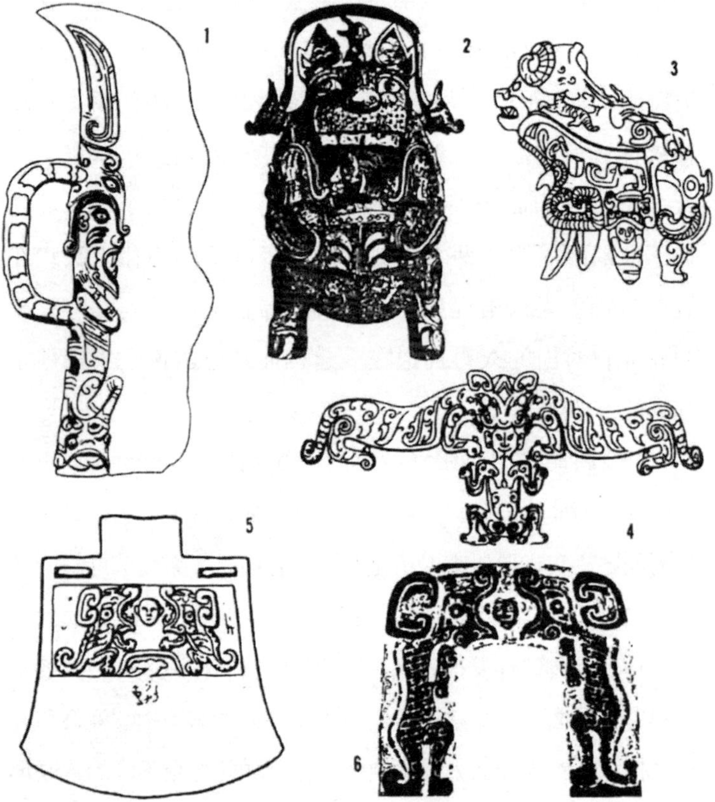

图25　商代青铜艺术中的人兽主题图案

（1）弗利尔美术馆的铜刀。（2）东京住友氏所藏铜卣。

（3）弗利尔美术馆的铜觥。（4）安徽阜南铜樽上的图案。

（5）安阳殷墟5号墓出土的铜钺。（6）殷墟四足方鼎把手上的图案。

动物纹样的含义

商周青铜器上的动物纹样有没有特定的“含义”呢？商周时期的艺术家们是否给动物形象赋予了图像含义呢？研究古代中国青铜器的学者大多相信这种意义的存在。不胜枚举的既往研究认为，特定的动物代表特定的图腾或神灵，然而这一点在商周文献中却几乎从未提及。与此相反，少数研究者坚持认为，动物图形由几何图形发展而来，是几何图形的衍生，因此不具有任何意义。支持这一观点的研究者常引用马克思·罗越（**Max Loehr**）的理论来进行阐述：“如果商代青铜器上的装饰只是作为单纯的纹样而产生，其图形只是基于图形本身的样了，其结构就与现实无关，最多只能说与现实有十分隐晦的关联。那我们不得不下此定论，这些装饰原本就不具有明确的宗教观、宇宙观或神话传说上的含义，也没有任何既定的文学文艺层面上的含义。这些装饰可能并没有任何图像含义，或者像音乐一样仅仅是一种纯粹的形式，因而与文学定义截然不同。”[1]反方观点十分清晰，其解析也很容易立足。我想，要

---

① Max Loehr，*Ritual Vessels of Bronze Age China*（New York：The Asia Society，1968），p. 13.

解决这个问题可以同时从两个方面入手。其一，我们可以先确定动物纹样发展的历史顺序，来比较一下几何图案是否确实比动物纹样出现得更早。其二，我们可以根据具有说服力的事实依据来提出一个图形学方面的理论解释。就第一点而言，动物形装饰纹样不仅与古代中国青铜器最早的那些装饰纹样同时出现，甚至可以追溯到新石器时代。就第二点而言，我们需要提出一个学者们认为有理可依的、令人信服的含义，以解释理论。这一理论必须源自对古代文献和考古发现的脚踏实地的研读，并且应该涵盖上述所有动物纹样的特征。我相信这种理论是存在的。

事实上，先秦文献中确实保存着古人对青铜器本身及其动物图案含义的解释。回想第三章所引《国语》中关于绝地天通神话的描述，其中提到了“物”（牺牲）和“器”（礼器）。此传说表明，巫觋借此来交通天地或交通人神，礼器和牺牲就是天地交通仪式必需物品的一部分。

如果青铜器的诞生是为了协助完成沟通生死的仪式，那么动物纹样是否是青铜器不可或缺的一部分呢？《左传·宣公三年》（公元前606年）给出了明确的解释：这一年，楚庄王讨伐陆浑。当行进至洛河时，他在周都洛阳附近驻足检阅军队。周定王派王孙满迎接楚王，楚王却肆无忌惮地向王孙满问询象征王室的鼎的尺寸和重量。王孙满回答说：“在德不在鼎。昔夏之方有德也，远方图物，贡金九牧，铸鼎象物，百物而为之备，使民知神奸。故民入川泽山林，不逢不若，魑魅魍魉，莫能逢之。用能协于上下，以承天休。”①

这段文字的翻译各有不同②，但上段翻译比较简洁易懂。它的意思是：夏代铸造铜鼎时在上面铸造了一些“物”的形象，这样人们就能一目了然地认出哪些是能够帮助人类交通天地的器物、哪些是无助甚至有害的动物。因而，王孙满清楚地告诉我们，有些动物能帮助巫觋完成其交通天地的使命，它们的形象会被铸造在古代青铜礼器之上。王孙满回答楚王时申明的重要一点就是，周王仍旧同上天保持着频繁而密切的联系！

在《左传》这一篇中有一个关键词是“物”，其释义并非“物品”（objects）而是“牺牲”或“助天地交通之动物”。这一解读基于两个事实：首先，在古代器物上，我们看到的不是“物品”（objects）而是动物形象，也就是《左传》中“铸鼎象物”的“物”；其次，“铸鼎象物”的目的是“用能协于上下，以承天休”，这恰恰与我们之前讨论的《国语》中关于青铜器功能的解释完全符合。如果说青铜礼器是交通天

---

① 英译文引自James Legge，*The Chinese Classics*，vol. 5（Oxford：Clarendon Press，1895），p. 293。

② 如江绍原：《中国古代旅行之研究》，台北：商务印书馆，1935年，1966年重印。

地之巫术的必需用品，那么毫无疑问，动物形象也作为该使命的辅助者而被铸刻在礼器上。

“物”这个词真的可以这样用吗？这个词在《左传》中出现了六七十次，用法各异，但大多时候都是以“神权动物”或“牺牲”的含义出现。在《左传·定公十年》（公元前500年）中有“叔孙氏之甲有物”之说。根据我们对古代之甲的认识，此装饰只能是动物纹样，而非“物品”（objects）。在《左传·庄公三十二年》（公元前662年）中有“秋七月，有神降于莘。惠王问诸内史过，曰：是何故也？对曰：国之将兴，明神降之，监其德也。将亡，神又降之，观其恶也。故有得神以兴，亦有以亡。……王曰：若之何？对曰：以其物享焉。其至之日，亦其物也”[①]。

“物”在此处通常译为“牺牲”，因问询的神灵和时日不同而有所区别。这些文献，结合上章所引《国语》片段，皆表明牺牲就是那些具有协助巫觋完成交通使命的权力的动物，献牲祭祀是达到交通天地、沟通生死的具体方式。[②]鉴

① 英译文引自James Legge，*The Chinese Classics*，（Oxford：Clarendon Press，1895），p. 120。

② 傅斯年：《跋陈槃君，〈春秋公矢鱼于棠说〉》，《“中央研究院”历史语言研究所集刊》第7期，1938年12月，194～197页。商代卜辞中的“物”（与“巫”字不同）尚未被准确识别出来，有时会与“犁”字混淆。李孝定：《甲骨文字集释》，《“中央研究院”历史语言研究所专刊》第50本，台北1970年再版，317～330页。

于此，我们必然可以得出以下结论：商周青铜器上的动物纹样确实具有其图形含义，它们是协助巫觋完成交通天地人神使命的各种动物的形象。

上文关于“龙”的论述中，我们提到了“两龙”一词。“两龙”反复出现在《山海经》之中，且一直与在天地间传递消息的使者有关。《大荒西经》中有一段关于夏代第二代统治者启（或“开”）之丰功伟绩的描述：“西南海之外，赤水之南，流沙之西，有人珥两青蛇，乘两龙，名曰夏后开。开上三嫔于天，得九辩与九歌以下。”①

同样骑着两龙的人物形象也出现在《海外西经》中。开显然是将上天的音乐和诗歌带到人间的英雄，此过程由两蛇和两龙协助完成。

这些龙和蛇也是上帝使者四方之神的标准配备（图26）。

东方：“东方句芒，鸟身人面，乘两龙。”（《海外东经》）

西方：“西方蓐收，左耳有蛇，乘两龙。”（《海外西经》）

---

① 见《楚辞·离骚》：“启九辩与九歌兮，夏康娱以自纵。”英译文引自David Hawkes，*Ch´u Tz´u*：*The Songs of the South*（Oxford：Clarendon Press，1959），p. 26。

图26 《山海经》的四方之神

左上为东方句芒，右上为西方蓐收，
左下为南方祝融，右下为北方禺疆。

南方："南方祝融，兽身人面，乘两龙。"（《海外南经》）

北方："北方禺疆，人面鸟身，珥两青蛇，践两青蛇。"（《海外北经》）"北方禺疆，黑身手足，乘两龙。"（《海外北经》的另一个版本）

郭璞（276—324年）注《山海经》时称，上帝派句芒赐予秦穆公延长19年阳寿，又命蓐收为帝少皞之神。这些龙和蛇可能是上帝的使者，联通上帝与人类的世界。需要注意的是，《山海经》因"龙"频繁出现，而被看成是"古代的一部巫觋之书"[①]。提到"两龙"的另一本书是《楚辞》[②]，这是周代后期与巫术传统相关的著作[③]。这些关于龙和蛇协助飞升巫术的资料进一步证明，商周青铜器上的动物纹样也代表着人类与其他世界沟通的使者。

---

① 袁行霈：《山海经初探》，《中华文史论丛》1979年第3辑，7～35页。

② 在《九歌·河伯》之中，黄河之神河伯也乘两龙："与女游兮九河，冲风起兮水扬波。乘水车兮荷盖，驾两龙兮骖螭。"英译文引自David Hawkes，*Ch´u Tz´u*：*The Songs of the South*（Oxford：Clarendon Press，1959），p. 42。其他关于河伯的研究请参见文崇一：《九歌中河伯之研究》，《"中央研究院"经济研究所通讯》第9期（1969年），139～162页。

③ 凌纯声：《铜鼓图文与楚辞九歌》，《"中央研究院"院刊》第一辑，1954年1月，403～417页。藤野岩友：《巫系文学论》，大学书房，1969年。Chan Ping-leung，"*Ch´u Tz´u* and the Shamanism in ancient China"，diss.，Ohio State University，1974.

尽管《国语》《左传》《山海经》《楚辞》都是周代后期的文献，我们通常还是认为其中也记载了一些商代和西周早期的史实，关于宗教和宇宙的观念必然在一定程度上延续了早期的观点。就联通各个世界的巫术活动及动物在其中的协助作用而言，商代甲骨文中也有证据支持。神圣的预言本身就出现在作为交通天地工具的兽骨之上。此外，卜辞中的上帝或帝，自有一些臣子为其服务，其中包括“帝使凤”[①]。商周青铜器上的动物形象为之提供了直接证据。

民族学学者发现，这些关于礼器和动物功能的复原或推测，也存在于现代巫术社会中。就像伊利亚德（Mircea Eliade）指出的那样：“萨满们也有其不为外人所知的特有神灵，他们单独向这些神灵献祭……这些亲切而又能提供帮助的神灵大多都具有动物外形。在西伯利亚和阿尔泰人的世界里，他们可能以熊、狼、鹿、兔、鸟（尤其是天鹅、鹰、鸮、乌鸦等）、巨虫等形象出现，也可能以幽灵、树精、地灵、灶神等形象出现。”[②]正如学者们和了解萨满教的人所说，“萨满的能力在于他可以自如地进入迷幻状态……鼓声和舞蹈同时作用，可以

---

① 陈梦家：《殷墟卜辞综述》，北京：科学出版社，1956年，572页。

② Mircea Eliade，*Shamanism*：*Archaic Techniques of Ecstasy*（Princeton University Press，1964），pp. 88～89.

图27　西伯利亚楚克其人所绘祭祀仪式中正在飞升的动物神灵

左图：秋祭海神。海神夫妇出现在图画的右上角，萨满在帐篷中作法，地上摆放着祭器；图画的左侧，动物神灵正在飞升，一只是鸟，一只是狐狸。右图：丧葬祭典。图画右侧为牺牲，它们的灵魂正飞向死神的居所，逝者正在敲死神的门。

提升其灵魂并召唤他的神灵挚友——飞禽走兽，这些别人看不见的神灵会赐予他力量并助其飞升。正是在这种兴致高昂的迷幻之中，萨满开始施展法术。在迷幻世界中，他像鸟一样展翅上天或像驯鹿、公牛、熊一样入地”[①]。召唤神灵挚友的一种常见做法就是献上与神灵形体相同的祭品，如此，这些动物的灵魂从身体中释放出来并得以飞升。（图27）

下面是一个萨满利用动物神灵进行越界飞升的例子。有一个长篇叙事故事描述了中国东北满族的一位尼山萨满正在长途跋涉，当她——

① Joseph Campbell，*The Masks of God：Primitive Mythology*（New York：Viking Press，1959），p. 257.

“到了红河岸边……往四周一看，没有渡船，甚至连个人影也没有。没办法，只好求助于神，开始念神歌：

唉库力　叶库力　在天上盘旋的
唉库力　叶库力　大雕
唉库力　叶库力　在海上飞旋的
唉库力　叶库力　银鹡鸰
唉库力　叶库力　在河边盘绕的
唉库力　叶库力　怒蛇
唉库力　叶库力　在占河边盘绕的
唉库力　叶库力　八庹长蟒
唉库力　叶库力　小主人我
唉库力　叶库力　要把这条河
唉库力　叶库力　渡过
唉库力　叶库力　众神祇们
唉库力　叶库力　请帮助渡吧
唉库力　叶库力　快快地
唉库力　叶库力　使出本领
唉库力　叶库力

尼山萨满把手鼓扔到河里，站在上面如旋风似的，一会儿就过了河。”

在旅行接近尾声之时，她终于到达了她要去的城镇，但城门却已紧闭。她再次低声吟唱以召唤一只翱翔的巨鸟、一只檀香木上的翠鸟、一只橡树上的獾、九条蛇、八条蟒、一只小老虎、一只狼獾、一只金鹡鸰、一只银鹡鸰、一只飞翔的鹫、一只铅色的鹰、一只斑斓的鹰和成群结队的秃鹫。“说完后，众神祇腾飞如云雾一般。”①

这些现代的萨满教故事本身无法作为3000年前商周时期巫术的证据，但是考察现代萨满教活动及动物神灵在这些活动中所起的作用，使我们确信：古代中国人告诉我们的情况以及我们依据考古和文献证据重建的研究成果，其实就是人类社会的实际运作体系。

这些例子同时表明，动物神灵恰恰就是巫觋和他们的信徒日常生活中所熟知的普通动物。就像李济所说：“这时代的石雕、铸铜、镶嵌、塑陶、琢玉等工艺品上所见的兽纹”都有

---

① Margaret Nowak and Stephen Durrant, *The Tale of the Nisǎn Shamaness: A Manchu Folk Epic*（Seattle: University of Washington Press, 1977）, pp. 62~63, 67. 译者中文参考赵志忠译注的《〈尼山萨满〉全译》（北京：民族出版社，2014年，204~208页）。

其“固有和自然的背景”。[①]他认为构成商代艺术装饰图案的动物包括鹿、公牛、水牛、山羊、绵羊、羚羊、犀牛、大象、熊、马、老虎、野猪，也有鸟类、爬虫类、昆虫类、两栖类、鱼类和蠕虫类。它们或许都是巫觋的助手，如果以上讨论成立，它们就是以献祭的目的而存在的。至于饕餮、肥遗、夔和龙等神话动物，它们显然并非现实存在，但它们的形象显然源自于牛、羊、老虎和爬行类等的自然形态。李济是这样描述的：“……镶嵌工艺，使刻木头的人们，手法的表现更加自由了。这一点，在镶嵌工人要在平面上表现立体的形态时，更易见出。他们的方法是将立体的动物，分割为相等的两半，拼成平面。由这种新的交样配列法，更进一步地演变，就是将同一动物的身体各部分予以重复；或将甲动物一部分配合于乙动物另一部分；或夸张其身体之一部而忽略他部；由此形成各种复杂的纹样。商朝的装饰艺术家对这种新的表现技法具有偏好；很快地，雕刻工、陶工、玉工和铜工亦均相继仿效。因是之故，乃有虎头加于猿身、人头长出两角等等怪形畸象的出现。

① Li Chi, “Hunting records, faunistic remains, and decorative patterns from the archaeological sites of Anyang”，《台湾大学考古人类学刊》第9、10期合刊，12页。李济原著、陈奇禄节译：《安阳遗址出土之狩猎卜辞、动物遗骸与装饰纹样》，《台湾大学考古人类学刊》第9、10期合刊，18页。

但，他们的题材都是自他们所生活的环境中取出的。”①

动物纹样的其他特征

上文我们谈到，商周动物纹样有两个典型特征：它们通常在器表对称分布，偶尔会出现极具特色的人兽共存主题纹样。之前关于动物纹样含义的推测，是否能解释动物纹样的其他特征呢？

1908年，罗振玉对古代中国青铜艺术中的人兽关系进行了最初的研究，他将住友氏铜卣上的人兽纹样描述为“作一兽攫人欲啖状”②。容庚则称其为“饕餮食人卣”③，已渐为中国古器物学家所接受。此名称是从对立或更为恶劣的角度来解读人兽关系，与《吕氏春秋》对饕餮“食人”的解释相一致④。

---

① Li Chi, “Hunting records, faunistic remains, and decorative patterns from the archaeological sites of Anyang”，《台湾大学考古人类学刊》第9、10期合刊，16页。李济原著、陈奇禄节译：《安阳遗址出土之狩猎卜辞、动物遗骸与装饰纹样》，《台湾大学考古人类学刊》第9、10期合刊，20页。可与谭旦冏的《饕餮纹的构成》（《“中央研究院”历史语言研究所集刊》外编第4种，1960年，274页）比较阅读。

② 罗振玉：《俑庐日札》，《七经堪丛刊》第9册，3页。

③ 容庚：《商周彝器通考》，419～420页。

④ 这一点由董作宾在其《饕餮食人卣》（《大陆杂志》1954年第9期，35页）一文中提出。

仔细观察已知的这7件人兽主题器物后，我们还是无法证实其上的人兽纹样所反映的就是食人的举动。在住友氏和赛努奇所藏的对卣上，人拥抱着动物，他的双脚紧紧攀附着动物的后爪。阜南和安阳的铜器描绘的则是一个正面的人脸夹在两个张开大口的动物之间，但并未被吞入口中。我们必须尝试着为张开的兽口及人头被置于兽口下面或侧面来寻找另外一个合理的解释。

“人与兽口相对”的图形主题在世界各地都有发现。就像纳尔逊·吴（Nelson Wu）所说：“蛇纹是宗教艺术中的一种习见形式，蛇是一种与水和冬眠都密切相关的动物。为了表现其主旨，人们常常使用复合的动物形象，尤以印度神秘的摩羯（makara）[①]形象最为常见。印度乌德耶吉里（Udayagiri）的蛇窟（Sarpa Gumpha）雕刻就是这些观念的反映，这个蛇窟的入口在娜迦（naga）[②]的蛇头之下。蛇窟附近就是虎洞（Bagh Gumpha），需要通过一个老虎的血盆大口才能进入。其他文化也普遍以类似的形式来隔绝两个不同的世界。洪都拉斯科潘（Copan）22号神殿的蛇形入口和中国青铜器上的饕餮图案

① 译注：印度神话中一种长鼻利齿、鱼身鱼尾的水中巨兽。

② 译注：印度神话中居住在地下的蛇神，一般被描绘为上半身人形。

就是隔离两个世界的其他例证。”[①]

张开的兽口或许是隔离两个世界（如生与死的世界）的原始象征这一观点，恰恰与我们关于作为巫觋助手的动物在沟通两个世界中的作用的讨论相吻合。从这一角度看来，器物上人的形象非巫觋莫属，象征他正在动物的协助下完成沟通两个世界的旅程。[②]上溯至人类的旧石器时代，张开的兽口可能就已经作为一种原始图案了。但在时代背景相似的古代中国，张开的兽口或许还代表着动物的呼吸，古代中国人认为动物的呼吸是风的起因，而风又是交通天地的另一个基本媒介。

《山海经》为我们提供了与动物置于人头两侧和动物呼吸成风有关的记载。其中多处提到一耳或双耳戴蛇的巫觋（见《海外西经》《海外北经》《海外东经》《大荒东经》《大荒南经》《大荒西经》《大荒北经》）。最有趣的神灵（或巫觋）是《大荒南经》中的不廷胡余，他珥两青蛇，践两青蛇，与嘘气成风的因因乎为伴（图28）。动物呼吸成风的描述与神

① Nelson I. Wu, *Chinese and Indian Architecture*（New York: George Braziller, 1963）, p. 25.

② 在此不能与饕餮代表巫觋面具的说法相混淆，即使巫觋很可能戴过饕餮形状的面具。见Jordan Paper, “The meaning of the t´ao-t´ieh”, *History of Religions* 18（August 1978）: 18～41; Carl Hentze, “Eine Schamanentracht in ihrer Bedeutung für die Altchinesische Kunst”, IPEK 20（1963）: 55～61。

图28 《山海经》中因因乎和不廷胡余的画像

话中的烛阴或烛龙有关："钟山之神，名曰烛阴，视为昼，瞑为夜，吹为冬，呼为夏，不饮，不食，不息，息为风。身长千里，在无瞀之东。其为物，人面，蛇身，赤色。"（《海外北经》）烛阴可能就是开天辟地的盘古的原型，徐整（3世纪）在《五运历年纪》中形容盘古"气成风云"。如上所述，商代卜辞中有作为上帝使者的凤，且在商代文字中有一个文字可以同时指代"凤"和"风"。就像四方之神皆乘双龙一样，他们也有四方之风。[1]青铜艺术中的动物或可张口成风

① 陈邦怀：《殷代社会史料征存》中有"四方风名"，天津：天津人民出版社，1959年。

以助巫觋飞升。巫觋形象、动物助手及其造风之口在同一件青铜器上的结合，完整地展示了天地交通或促使天地交通的活动。

不论兽口和升风之间有何直接关联，也不论人头的位置是在兽口的下面还是侧面，这些都清晰地表现出人兽之间的亲密关系（而非敌对）。正如纳尔逊·吴（Nelson Wu）及早先卡尔·亨策（Carl Hentze）[①]所指出的那样，人兽主题图形是中国和中美洲古代艺术中的共有元素。例如，古代阿兹特克人会请巫觋为每个新生儿指派一个动物，这个动物会伴随他一生，成为他的保护者、助手、伙伴或“他我”（alter ego）。[②]古代艺术中的“他我”（alter ego）常表现为骑在人背上或将人头含在口中的动物。事实上，这种“他我”（alter ego）图形主要为环太平洋分布。[③]然而这并不意味着所有的“他我”图形都有共同的历史起源，但其他文化的情况却为我们解读中国的情况

① Carl Hentze，*Objects rituels，croyances et dieux de la Chine antique et de l'Amérique*（Anvers：De Sikkel，1936）；idem，*Die Sakralbronzen und ihre Bedeutung in den Fruehchinesischen Kulturen*（Antwerp：De Sikkel，1941）；idem，*Bronzegerät，Kultbauten，Religion im ältesten China der Shang-Zeit*（Antwerp：De Sikkel，1951）.

② Maguel Leon-Portilla，*Aztec Thought and Culture*（Norman：University of Oklahoma Press，1965）.

③ Douglas Fraser，*Early Chinese Art and the Pacific Basin，A Photographic Exhibition*（New York：Intercultural Arts Press，1968）.

提供了有益的线索。如果将青铜器上的人看作巫觋、动物看作巫觋的助手，这一观点显然与“他我”图形相一致。新大陆的艺术使我们清楚地认识到，中国青铜器上与人相伴的动物应该都是老虎。在新大陆的早期文化中，捷豹是上层成员们的“他我”。如前所述，商王有时就是巫觋之首。[①]中国古代器物上的人兽主题图案，很有可能不仅代表联通各个世界的巫觋，还代表帝王或其近亲。

最后，我们来研究一下商周时期出现的与文献记载的“两龙”一样成对且对称出现的动物纹样。对这一现象的解读，有赖于一个关于纹样构成重要原则的构想。这些动物纹样从正面看上去是一个动物从中劈开并分别向两侧伸展的结果，还是两个动物侧面沿着面部中线相结合的结果？前者显然是主流观点。克里尔（H. G. Creel）是最早做出这一推测的学者之一：“饕餮的独特性在于，它反映的是一个兽首被劈成两半、割裂开的两部分分别向两侧伸展并沿着鼻子中线结合在一起……如果我们将这两部分合起来看，我们从正面可以看到一个十分完好的饕餮，它有双眼、双耳、双角和双下颌。但是如果我们用手遮住右半边图案，左半边就是同一条龙的

① 陈梦家：《商代的神话与巫术》，《燕京学报》1936年第12期，532~576页。

侧视图。”[①]这里所说的“下颌”很有可能是上颌的延伸，因为描绘动物纹样时很少会描绘其下颌。上述纹饰构图原则，与北美洲西北海岸印第安人木雕中所用的图形剖分方法是一致的。[②]

当然，另外一种观点看上去同样合情合理：饕餮和肥遗可看作是两个动物的侧视图沿面部中轴线结合在一起。此前我们援引过李济的推测，饕餮的面部特征源自镶嵌艺术和分割图像。在此后的论著中，李济似乎更倾向于相反的说法，至少他认为还存在另外一种可能性。在对安阳小屯铜鼎的动物纹饰带的研究中，他对动物纹样的演变进行了梳理（他称之为逻辑上的梳理，不一定完全符合编年顺序），起始于两条两两相对的独立龙纹，发展到“每一单位的中间为一个大头面，由头部的两旁各向外伸出一长条身，分占左右两半”的经典肥遗纹饰带。[③]（图29）

以上两种关于饕餮和肥遗起源的解说，并不一定相互排斥，这两种演变可能都出现过。任何关于纹样演变的年代学研

---

① Herriee G. Creel，*The Birth of China*（New York：Frederick Ungar，1937），p. 115.

② Herriee G. Creel，“On the origins of the manufacture and decoration of bronzes in the Shang period，”Monumenta Serica 1（1935/36）：64.

③ 李济：《殷墟出土青铜鼎形器之研究》，南港：“中央研究院”历史语言研究所，1970年，81～82页。

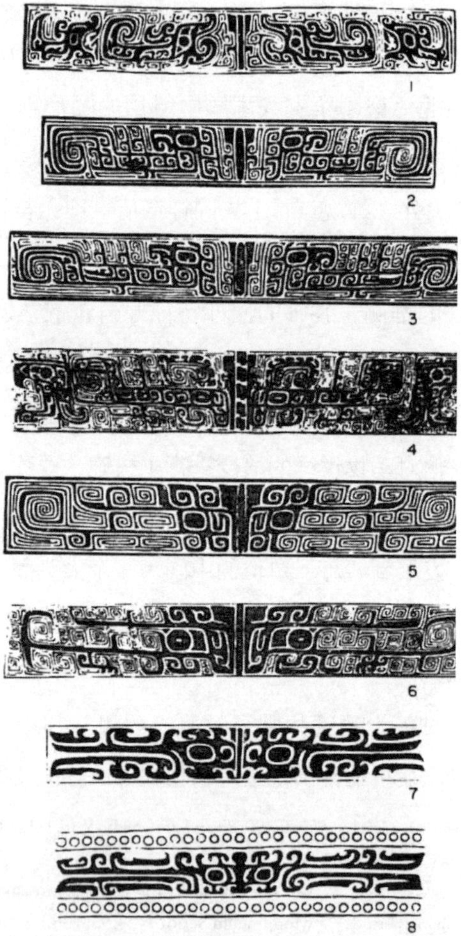

图29　1～8是动物纹样发展的“逻辑序列”，这些纹样皆出自殷墟出土的商代铜鼎

究结论，均必须建立在大量的器物类型学材料基础之上。纹样的起源与商代的宇宙观密切相关，有些则受到动物纹样含义的影响。例如，列维-施特劳斯（Claude Lévi-Strauss）认为：将三维兽首延展装饰到二维表面的技术需要，可能是商代二元（dualism）宇宙观的起源①。相反的观点则认为：商代青铜艺术中的二维手法仅仅是渗透在商代制度和思想体系中的二元概念所不可分割的一个组成部分。

商代有大量的考古和文献材料反映了商代的二分现象。（1）小屯商代都城宫殿基址是沿南北中轴线分为东西两列的布局结构。②（2）据传埋葬有最后11位商王的商代王室墓地分为西区的7座墓葬和东区的4座墓葬，中间以宽度超过100米的空地为界。③（3）在龟壳上刻卜辞时，一侧刻肯定句（positive），另一侧则刻否定句（negative）。④（图23）（4）根据董作宾对甲骨卜辞的研究，安阳商王的祭祀体

---

① Claude Lévi-Strauss, "Split representation in the art of Asia and America" in Lévi- Strauss, *Structural Anthropology* (New York: Basic Books, 1963), pp. 245~268.

② 董作宾：《甲骨学六十年》，台北：艺文书局，1965年，30页。

③ Kao Ch´ü-hsün, "The royal cemetery of the Yin dynasty at An-yang"，《台湾大学考古人类学刊》第13、14期合刊（1959年），1~9页。

④ 周鸿翔：《卜辞对贞述例》，香港：万有图书公司，1969年。

系有新派和旧派之分。[1]（5）根据高本汉（Bernhard Karlgren）的统计研究，商代青铜器的装饰图案依据其在同一件器物上的共存情况，可以分为A、B两种风格。[2]

基于以上这些现象，我曾在1964年提出，二分制是研究商代社会的重要切入点，殷礼中的二分现象与王室建筑的二分现象似乎密切相关。[3]我也曾对王室二分现象做过一些研究[4]，总体概括如下：商代王氏可分为10组，以天干来命名，它们是祭祀、政治和同族婚姻的基本单元。王位在这10组之间轮替，这10个组又被分为两个群体，一个群体由乙组掌控，另一个群体由丁组掌控。王室的分组可以解释小屯宫殿宗庙和西北岗王室墓地的布局，也可以解释商代祭祀系统中新旧派之间的转换。

本书要讨论的问题不是商代王制的特征，因此我们不再展开论述。我们面临的问题是，本章所提出的设想是否能对商周

---

① 董作宾：《殷墟文字》乙编“序”，“中央研究院”历史语言研究所，1948年。译注：又见于《考古学报》1949年第4期。

② Bernhard Karlgren, “New studies in Chinese bronzes”, *Bulletin of the Museum of Far Eastern Antiquities* 9（1937）.

③ K. C. Chang, “Some dualistic phenomena in Shang society”, *Journal of Asian Studies* 24（November 1964）：45～61.

④ 张光直：《商王庙号新考》，《“中央研究院”经济研究所通讯》第15期（1963年），65～94页；《谈王亥与伊尹的祭日并再论殷商王制》，《“中央研究院”经济研究所通讯》第35期（1973年），111～127页。

艺术中的“两龙”装饰原则做出令人满意的解释。我的回答是肯定的，此结论恰恰缘于我们对商代王制的了解。当商代王族被一分为二时，王室祖先在另一个世界大致也会如此安置。当巫觋为服务王室而往来于两个世界时，他们必须充分考虑到两组王族的需求，在仪式中以成对的动物作为助手也因此而顺理成章。当巫觋乘“两龙”时，在某种意义上，他们在两个世界各有立足，并试图实现与人类世界相一致的社会和政治平衡。

小　结

以上对商周艺术中的动物纹样的释读，不仅有助于我们理解它们的宗教功能，也可以解释为什么装饰有动物纹样的商周青铜礼器被政治家族看作是财富的象征。很显然，如果说商周艺术中的动物是巫觋交通天地的重要媒介，那么拥有一件动物纹样礼器就意味着拥有了交通天地的手段。拥有交通天地手段的人会被授予智慧和权力。拥有动物的数量当然越多越好。所以《左传》中所说的“远方图物”中所有的“物”都被铸刻在了王室青铜器上。王室的巫觋和地方政权的巫觋自身可能也有动物助手的层级之分。

从巫术的角度对商周艺术中动物纹样进行解读也告诉我

们，商周时期以动物作为助手的巫觋确实需要“飞升”到祖先或神灵的世界来完成工作。动物的这一使命绝不仅见于商代至西周早期。东周时期的很多器物（图30）上也刻画了人类“驭”兽的场景。它们都是对东周巫觋及其动物助手的描绘，然而其中巫觋与动物的位置关系已经与早期的人兽主题纹样有所不同。

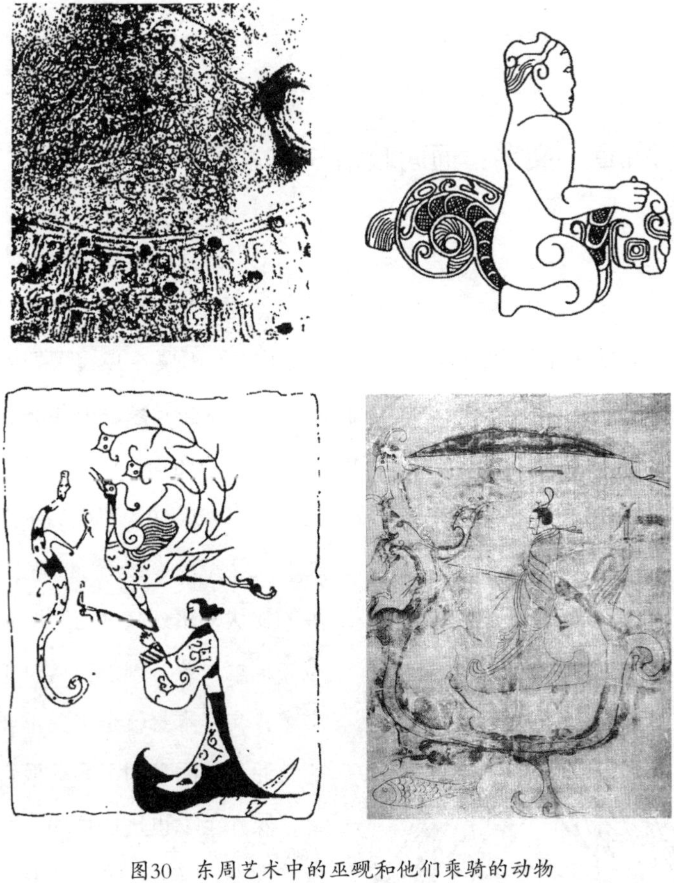

图30　东周艺术中的巫觋和他们乘骑的动物

左上：壶上部的纹饰。右上：洛阳一座墓葬出土的玉人。

左下：湖南长沙楚文化帛画上的图形。右下：长沙出土的另外一幅帛画。

第五章　文字：通向政治权威之路

古代中国有什么重大事件导致了“天雨粟，鬼夜哭”？据《淮南子》（成书于公元前2世纪），这些异象就发生在仓颉（图31）造字之时。古代中国的神话传说通篇充斥着大灾大难，罕见喜庆之事。文字的肇始为何具有如此翻天覆地的意义呢？文字记录掌握着统治全世界的秘诀；铭刻文字与其所记载的信息一致，因为自从有了文字，文字本身就是至关重要的交通天地活动的工具。换言之，媒介至少也是信息的一部分。掌握书写权力的“中间人”（media people）是中国历史上最早通过文字书写来获取

图31　传奇人物仓颉的想象肖像

和传递知识并以此为谋生职业的人。

如果真如战国晚期（公元前450—前220年）传说那样，仓颉是“伪鸟兽迹”而发明了文字，我们至今却尚未发现有关仓颉的生平记载或其墓葬的踪迹。然而，近年来的考古证据表明，汉字书写经历了一个漫长而渐进的发展过程，可能在多个区域独立起源。

大量史前遗址出土的陶器或陶片上都发现了具有象征意义的雕刻符号（图32）。这些遗址的年代从仰韶文化早期（不晚于公元前5000年）持续到历史时期前夕（年代因地域而不同），其分布地域遍布中国各地，从整个黄河流域到南部、东部沿海。遗址名称如下[①]：

仰韶文化（公元前5000—前3000年）：陕西西安半坡遗址、陕西西安秦渡镇五楼遗址、陕西临潼姜寨遗址、陕西合阳县莘野村遗址、青海乐都柳湾遗址。

大汶口文化（公元前4500—前2500年）：山东莒县陵阳河遗址、山东诸城前寨遗址。

龙山文化（公元前3000—前2200年）：山东济南龙山镇城子崖遗址。

---

① K.C. Chang, *Shang Civilization* （New Haven: Yale University Press, 1980）, p. 243.

图32　陕西临潼姜寨仰韶文化遗址发现的陶器刻符

东南沿海文化（公元前2500—前500年）：上海崧泽遗址、上海马桥遗址、浙江杭县良渚遗址、台湾高雄凤鼻头遗址、广东海丰菝仔园和宝楼遗址、香港南丫岛大湾遗址、香港大屿岛石壁遗址。

这个名单绝不会就此终止，但现有数据足以阐明这些符号的主要特征。首先，它们总是单独出现，而且显然并未像书写语言那样串联在一起。其次，这些符号大多为烧制之前所刻，偶有烧成后所刻。各个遗址出土的刻符陶器比例都非常小（据李孝定计算，其比例不足0.5%[①]）。第三，目前发现的各种符号数量很少，只有个别符号出现在多个不同的遗址。据李孝定统计[②]，史前遗址一共发现了88个符号，其中只有16个符号出现在了不同的遗址中。从以上信息中，我们很难做出更多的推论。但仍然可以看出，在特定条件下，由于某些原因，全中国范围内出现了在陶器上刻符号的习俗。一种符号在多个地点出现应为巧合，或许他们也代表相同的含义。

有一个问题，我认为比相同符号在不同遗址出现更为重要，那就是，其中一些符号与中国最早的历史朝代商周时期发

① 李孝定：《再论史前陶文和中国文字起源问题》，《“中央研究院”历史语言研究所集刊》第50期第三分册（1979年），458页。

② 李孝定：《再论史前陶文和中国文字起源问题》，《“中央研究院”历史语言研究所集刊》第50期第三分册（1979年），478～483页。

现的铭刻文字完全相同。这意味着，尽管史前陶器刻符还不能被定义为文字，但作为独立字符而言，它们至少是早期中国文字的一个重要来源。因此古人刻符的目的很值得研究，我们可以从中了解到，日常活动中的哪些方面让史前时代的中国人（或曰“仓颉”）觉得值得用符号记录下来。

陶器刻符在全世界的史前和现代文化中都有发现。详尽的研究表明，在很多实例中，陶器刻符是个别陶器工匠或陶器作坊的标识。[①]在中国，以考察商代或更晚时期陶器刻符的意图作为史前刻符研究的开端将大有裨益，因为商代刻符的功能或许与史前刻符相同。我相信，商代或史前的绝大多数陶器刻符，是家庭、氏族、宗族或其分支的标记和象征。

有些中国考古学者主张，陶器烧造之前的刻符可能是个别制陶工匠的标识，而烧造完成后所刻可能是陶器所有者的标识。很多临淄的陶器刻符好像是陶器工匠或作坊的名字[②]，

---

① 近东的实例可参见Daniel Potts，“The potter′s marks of Tepe Yahya”，*Paléorient* 7（February 1981）：107～122；秘鲁的实例可参见Christopher B. Donnan，“Ancient Peruvian potters′ marks and their interpretation through ethnographic analogy.” *American Antiquity* 36 （October 1971）：460～466；亚利桑那州现代霍皮（Hopi）印第安人的实例可参见Michael B. Stanislawski，Ann Hitchcock，and Barbara B. Stanislawski，“Identification marks on Hopi and Hopi–Tewa pottery”，*Plateau* 48 （Spring 1976）：47～65。

② 顾廷龙：《古陶文孴录》，北京：北平研究院，1936年，8页。

但这些陶器烧造于周代晚期，彼时陶工及其他手工业者都是全职的专业人员和商人。与之相反，我们几乎可以肯定，仰韶陶器并非专业人员所做，半坡的陶器制作更像是各家各户的家庭事务。考古证据显示，特定的陶器刻符一般集中发现于半坡村的特定区域："我们发现多种类同的符号，出在同一窖穴或同一地区。例如，以数量最多的第一类符号的出土情况来分析，在我们统计的七十二件标本中，大部分集中出在六个地点，基本上是相连接的一个地区，面积也不过一百多平方米。又如在H341中发现同类的标本两个。有五个'Z'形符号都集中出于两个探方内。"[①]类似状况也发现于台湾的凤鼻头遗址，刻有"X"串列符号的陶片主要发现于村落南缘的一个独立区域内。[②]这一现象表明，有些学者从史前符号中辨识出来的所谓数字[③]或许只是碰巧与后来的数字相同而已。在中国历史

① 石兴邦：《西安半坡》，北京：中国科学院考古研究所，1963年，198页。

② K. C. Chang, et al., *Fengpitou, Tapenkeng, and the Prehistory of Taiwan*, Yale University Publications in Anthropology, no. 73（New Haven: Yale University, 1969）, pl. 54.

③ 李孝定：《从几种史前和有史早期陶文的观察蠡测中国文字的起源》，《南洋大学学报》1969年第3期，1～28页；郭沫若：《古代文字之辩证的发展》，《考古》1972年第3期，2～13页；郑德坤：《中国上古数名的演变及其应用》，《香港中文大学学报》第1卷，1973年，37～58页；Ho Ping-ti, *The Cradle of the East*（Hong Kong and Chicago: Chinese University of Hong Kong Press and University of Chicago Press, 1976）, ch. 6。

时代早期，数字1、2、3、4分别以1、2、3、4道短划表示，5是一个“X”形字符，7是一个“十”形字符。以上形式见于很多遗址。其他汉字数字，如6、8、9的形象用起来则较为随意，尚未在史前陶器刻符中发现。正如李济针对小屯陶器刻符所提出的疑问：“为何有的数字（如7）频繁出现，而别的数字（如1、3、4）则很少，有的数字（如2、6、8、9）却根本未见？”[①]既然一划或多划、“十”和“X”等符号在很多文化中被普遍用于限定和区分数量，这也许意味着，不同数量的陶器可能与社会分工有关。作为名字或象征的字符发展得更进一步，它们可以用来标识出有名称的特定群体，但这种字符与数量符号本质上并无不同。

对于作为社会群体标识或象征的某些或多数史前和商代陶器刻符的解释，与许多商代铜器铭文的使用基本一致。[②]（图33）

古代中国的文字（至少某些文字）可能来源于象征符号（具有政治和宗教权力的亲缘集团的象征符号）这一事实，会引导我们去猜想，古代中国的文字书写具有得天独厚的权

① 李济：《小屯》第三本《殷虚陶器·甲编》，“中央研究院”历史语言研究所，1956年，124页。

② 张光直：《商周青铜器器型装饰花纹与铭文综合研究初步报告》，《“中央研究院”民族学研究所集刊》第30期，1972年，239～315页。Li Xuegin，*The Wonder of Chinese Bronzes*（Peking：Foreign languages Press，1980），pp. 49～50.

图33　殷墟18号商墓出土铜器上的族徽

力。我们对于古代中国文字和权力相结合的认知，足以验证这一猜想。书面文字的权力来自它与知识的结合，这些知识传承自祖先，生者通过文字与祖先沟通。也就是说，来自过去的知识，以文字为介质向后人展示其祖先的智慧。

东周时期的文献显示，掌握过去知识的人，可以吸取既往经验并能预测后期行动的结果。这种能力对各国的统治者来说，价值深远。我们在《左传》中读到，春秋时期（公元前771—前450年）鲁国及其他国家的国公时常向臣子官员征询建议，而这些臣子官员则经常引述古代圣贤帝王的行为来佐证其建议的权威性。我们可以从《左传》中公元前710、公元前686、公元前662、公元前656、公元前655、公元前654、公元前651、公元前645、公元前641、公元前636、公元前627、公元前609、公元前606、公元前603、公元前598、公元前594、公元前593、公元前589、公元前570、公元前565、公元前564、公元前546、公元前541、公元前540、公元前535、公元前533、公元前525、公元前523、公元前516、公元前514、公元前511、公元前504年各条中找到相关引述。这些建议大多数提到了周王朝的早期历史，9条提到了伐灭商朝，8条提到了周早期的贤王良绩，2条提到了西周的灭亡。此外，还有5条涉及历朝历代的历史，4条涉及先贤尧、舜，3条涉及夏王，只有一条涉及商王。战国时期（公元前450—前220年）的情况可以《孟子》为例：《孟子》有260篇记述了孟子向统治者提出的建议，在至少58篇中，孟子都引述了古之圣人的权威，先后有10处列举了尧、29处列举了舜、8处列举了大禹、10处列举了商汤、17处列举了先周诸王、12处列举了早期周王。由此看来，东周时期已逐步形成了关于东周以前1500年的标准通史，这些历史中的行为范例有助于人们鉴古知远。

鉴古知远是中国传统历史学的核心目的。就“学习历史为何如此受到重视？它的价值又在何处？”这一问题，赖特（Arthur F. Wright）给出了如下答案："其一，过去的成败为当代提供了确凿可信的借鉴……儒学传统在其发展过程中始终劝诫人们研读历史以累积经验。其二，历史可以以大量确凿实例使人懂得，当人们遵守或背离传统道德训诫时会遭遇何种命运。"①古代的历史学家们因而被赋予了不容统治者们漠视的道德权威，这是因为此权威建立在既往知识之上，是关于执行"传统道德训诫"（moral injunctions of the classics）及其后果的知识。②

必须指出的是，历史学家们并没有垄断历史知识：孟子就是一个例子，他本人并非史学家。他们只是古代中国，尤其是在东周之前，掌握获取知识的便捷路径的一部分人。到了东周时期，知识已经在整个精英阶层传播开来。换言之，掌握知识是通向过去和未来的钥匙，编纂历史知识只是其中一个官方途径。掌握历史知识其实与掌握读写能力相当，能否书写是古代管理艺术（the art of governance）中预测能力的关键。用墨子的话来说，"书于竹帛，镂于金石，琢于槃盂，传遗后世子孙者

① Arthur F. Wright，"On the uses of generalization in the study of Chinese history"，in *Generalization in the Writing of History*，ed. Louis Gottschalk（Chicago：University of Chicago Press，1963），pp. 37～38.

② 李宗侗：《史官制度——附论对传统之尊重》，《文史哲学报》第14期（1965年），119～157页。

知之”[1]。

因此，想要区分商代和周代早期掌握历史知识之人所属的阶层，先要确定当时哪些人掌握了书写的权力；想要确定这些阶层产生的年代，先要确定文字开始的年代。尽管现有材料有助于我们推测其中的一些含义，但对于以上重要问题我们却无从知晓。在史前的陶器刻符（尚不可称之为文字）与东周古典文献之间，文字材料主要包括商代至周代早期的甲骨卜辞以及商代至西周早期的铜器铭文。我们只能推测一下，谁在负责这些铭刻文字的工作。

商代甲骨卜辞是商王向神灵问询这一特殊情况的记录，偶见关于祖先回答的记录。对于做此刻辞的原因，我们一无所知。“与一些学者的假设相反，雕刻师并未在裂纹产生前即已将记录刻在兽骨或龟壳上，而是在裂纹产生之后。这说明我们不能把这些铭刻文字简单地看成是想要传递给神灵的祈祷和信札。这些文字记录不是占卜的内容而是占卜的结果，因此它们至少有一些历史的、官方的目的——即用以确认裂纹所显示的主题、预测和结果。”[2]

---

① 《墨子·兼爱下》。英译文引自Mei Yi-pao，*The Ethical and Political Works of Motse*（London：Probsthain. 1929）。

② David N. Keightley，*Sources of Shang History*（Berkeley：University of California Press，1978），p. 45.

既然占卜结果可能来自已逝祖先的智慧，那么对于这些可供未来参考的占卜结果的记录则说明，这些卜辞大致同后世的书面记录目的相同。那么，掌握占卜知识的人可能就是“知识阶层”的第一批成员。即使如此，我们还是无法了解到底是谁掌握了这些知识。我们只知道占卜可分为几个步骤：代表帝王向神灵问询；用甲骨进行占卜；释读裂纹并做出预言；雕刻卜辞；将甲骨归档以备查询。[①]商代卜辞研究者还无法确定以上各个步骤是否由不同的人独立承担，如果不是的话，又有多少专业人员参与其中。我们知道，占卜者名字的数量多于不同书写风格的数量，由此我们可以推断，无论哪一时代，专业的刻辞人员数量都很少。[②]理论上，刻辞者很可能是唯一有读写能力的人，而贞卜者或许只需要精通宗教事务。然而，占卜艺术应该是一个连续的过程。如果祖先回答的范本需要保存在刻辞档案中，卜人可能就得协助完成记录的保存和释读工作。事实上，史官和巫觋职能结合于一身，与“早期史官也是宗教人

① 饶宗颐：《殷代贞卜人物通考》，香港：香港大学出版社，1959年，17～18页。

② 饶宗颐：《殷代贞卜人物通考》，香港：香港大学出版社，1959年，48～49页。

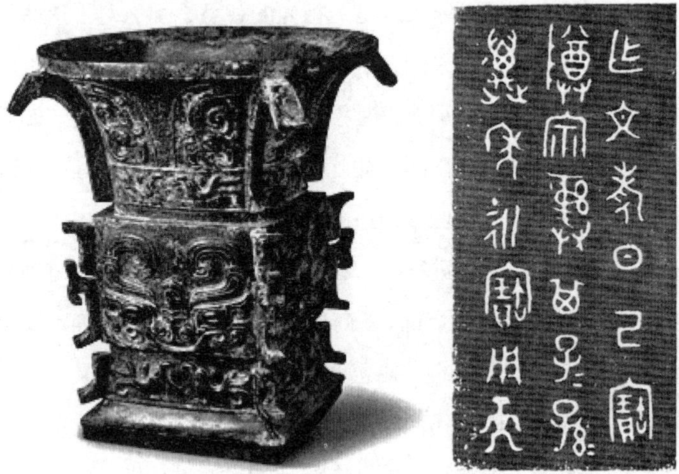

图34　陕西出土的西周方樽

右图为方樽腹内铭文的拓片："乍文考日己宝尊宗彝，其子子孙孙万年永宝用（族徽）。"

员（巫觋）"这一认识一致。[1]

编史的功能也体现在许多商周礼器铭文中。东周之人明确表示，相对于为祖先祈福，其铭文更重要的目的是泽被后世。哲学家墨子有云："咸恐其（竹帛）腐蠹绝灭，后世子孙

---

① 李宗侗：《中国古代社会史》，台北：华冈出版公司，1954年。周策纵：《中国古代的巫医与祭祀、历史、乐舞、及诗的关系》，《清华学报》新12卷（1979年），1～59页。

图35　以史官“墙”的名义铸造的西周时期铜盘

不得而记，故琢之槃盂，镂之金石以重之。”[①]周代铭文往往以“子子孙孙万年永宝用”作为结尾（图34）。这些铭文表明，礼器的铸造与铭刻通常在得到了帝王、诸侯或大臣赏赐的高级官员的授意下完成。但对于撰文与刻铭的过程，我们还了解不多。也许这些事务皆由专业人员负责，而这些专业人员又掌握着与编史通例有关的知识。最近新发现的铸有长篇铭文的“墙

① 《墨子·明鬼下》。Tsien，*Written on Bamboo and Silk*，p. 4.

盘”表明，该器为史官“墙”授意制作，“墙”的家族专门从事“作册”[①]（制作竹书）的工作（图35）。这种专门职业的存在及其对历史知识的掌握，与甲骨卜辞中的提示是一致的。

综上所述，史官并非历史知识的独有者（事实上，在历史文献的描述中，他们在向统治者进谏时通常表现得消极且被动），而在目前所能见到的商代和西周时期遗留下来的记载中，大多数传录知识的载体已消失不见。但是卜辞和铭文准确无误地指出，商代确实存在使用文字来概括历史和人类事务的专业人员，他们被赋予了为维护统治者利益而提供借鉴指导的权力。这种能力的起源在一定程度上与宗教有关。它可能起源于专业人员作为宗教媒介的原始角色以及文字在交通祖先神灵活动中所发挥的重要作用。

① 唐兰：《略论西周微史家族窖藏青铜器的重要意义》，《文物》1978年第3期，19～24页。

第六章　政治权威的获取途径

至此，我们的讨论已经概括出了古代中国那些掌握政治权威并行使其权力的群体的简况。他们生于一个适当的氏族和宗族（宗族尤为重要），与适当的伴侣结合，居于中心地位，与适当的神话传说相关联，其行为足以获得广泛的支持。最后而且很重要的一点就是：他们掌握着通过祭祀、艺术和文字来获得甚至独占祖先智慧和预知未来能力的路径。以上诸因素均必不可少，但最后一点却是影响各方平衡的决定性因素。对古代中国的权力追逐者们来说，至关重要的问题是：我如何能获得掌控这些路径的权限？答案就是：通过掌控以青铜器为首的少数几个关键资源的方式，并且积攒控制这些资源的手段和途径。

古代中国人在九鼎传说中也表达了同样的观点。周代晚期或稍早的文献都提到了大禹及其儿子启（夏代创始者）负责制造代表王权合法性的“九鼎”的故事。这些文献值得在此处加以详尽引述。

九鼎之事最早见于《左传·宣公三年》（公元前605年）。为讨论青铜艺术中动物纹饰的含义，我们在前文做过部分引述：

“昔夏之方有德也，远方图物，贡金九牧，铸鼎象物……用能协于上下，以承天休。桀有昏德，鼎迁于商，载祀六百。商纣暴虐，鼎迁于周。德之休明，虽小重也，其奸回昏乱，虽大轻也。天祚明德，有所底止。成王定鼎于郏鄏，卜世三十，卜年七百，天所命也。周德虽衰，天命未改，鼎之轻重，未可问也。”①

从这个故事中我们可以清楚地看到，作为国家象征的鼎，铸满了来自各个地域的动物纹样，其原料也包含了来自各个地域的金属。因此，在其统治范围内，帝王不仅拥有各种金属资源的使用权和所有权，而且掌握着交通天地的各种途径。这一点下文会进行详细阐述。

九鼎故事的另外一个版本出自墨子（公元前468—前376年）的哲学著作《墨子》：“巫马子谓子墨子曰：鬼神孰与圣人明智？子墨子曰：鬼神之明智于圣人，犹聪耳明目之与聋瞽

① 英译文引自James Legge，*The Chinese Classics*，vol. 5（Oxford: Clarendon Press，1872），p. 293。

也。昔者夏后开使蜚廉折金于山川，而陶铸之于昆吾；是使翁难雉乙卜于白若之龟，曰：鼎成三足而方，不炊而自烹，不举而自臧，不迁而自行，以祭于昆吾之虚，上乡。乙又言兆之由曰：飨矣！逢逢白云，一南一北，一西一东，九鼎既成，迁于三国。夏后氏失之，殷人受之；殷人失之，周人受之。夏后殷周之相授也，数百岁矣。使圣人聚其良臣，与其桀相而谋，岂能智数百岁之后哉？而鬼神智之。”[①]这段描述与上一条基本一致。它侧重于权力的转移，也提到了从山川之间获取矿藏。这些故事与关于中国青铜器发明的神话传说最为接近。如果将这一传说与希腊神话中的火神赫菲斯托斯（Hephaestus）为阿基里斯（Achilies）制作青铜盾牌的内容（《伊里亚特》第18卷）进行比较，将是一件很有意思的事情。

九鼎的故事简洁而有力地表明，拥有这些神器（图36）有助于实现王权的合法化。这些礼器都是明确而强有力的象征：它们是财富的象征，因其自身就是财富且拥有财富的光环；它们是重大仪式的象征，因其赋予其所有者沟通祖先的权力；它们是掌控金属资源的象征，这意味着具有沟通祖先和政治权力的独有权限。

---

① 《墨子·耕柱》，英译文引自Mei Yi-pao，*The Ethical and Political Works of Motse*（London：Probsthain，1929），pp. 212～213。

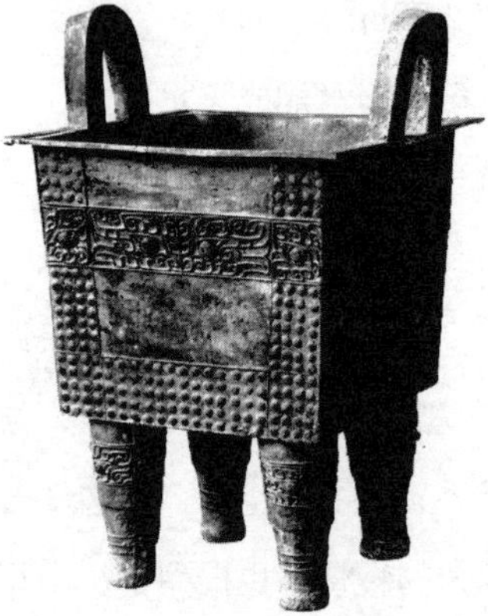

图36 河南郑州商城外出土的青铜方鼎
这可能是九鼎一类国之重器的一部分。

财富及其光环

九鼎字面上的意思就是“九件鼎形器”，但在古代文献中，“九”这个数字通常用来表示数量很多的意思。拥有并炫耀礼器数量之多，可能只是为了显示他的极度富有。以大量礼器作为陪葬会被认为是一种炫耀式的毁灭，随之举行的宗教仪式可以保证死者能将它们带往死后的世界（图37）。考古学家们会很乐于证实，很多中国古代墓葬都有极其豪华的随葬品。1976年发现于河南安阳殷墟的一座商王配偶墓葬是最为

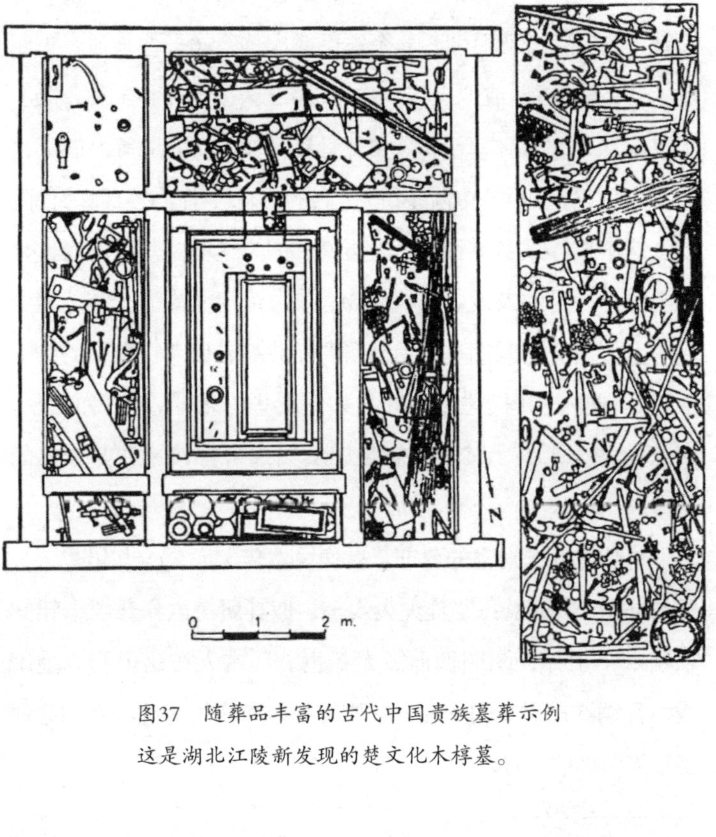

图37　随葬品丰富的古代中国贵族墓葬示例

这是湖北江陵新发现的楚文化木椁墓。

典型的例子。[1]该墓随葬品有：一副木椁和一具髹漆木棺，16个殉人和6只殉狗，约7000枚货贝，200多件青铜礼器，5件铜铙和18只铜铃，44件青铜工具（包括27件铜刀），4面铜镜，1把铜钺，130多件青铜兵器，4个铜虎或虎首，20多件其他青铜制品，590多件玉器或似玉器，100多件玉珠、玉环和玉片，20多个玛瑙珠，2件绿松石制品，5件骨器，70多件石雕等石制品，20多个骨镞，490多支骨笄，3件象牙雕刻，4件陶容器和3件陶埙。这个随葬品名单着实令人震撼，因为这座墓是殷墟商代墓葬中极为少见的未被盗掘的墓葬之一。洹河北岸的王室墓地中一些大型墓葬本应拥有更为豪华的随葬品，但考古发现的实际数量却很少。商代建造随葬品如此豪华的墓葬，其目的之一应该就是为了展示其王族有足够实力来舍弃数量如此众多的财富。

九鼎是巨额财富的象征，就像《左传·襄公十九年》（公元前552年）所说：“且夫大伐小，取其所得以作彝器，铭其功烈以示子孙，昭明德而惩无礼也。”古人在这里明确地阐明，青铜器是财富的象征，它们的制作和使用为统治者和胜利者带来荣耀的光环。

---

① 中国社会科学院考古研究所安阳工作队：《安阳殷墟五号墓的发掘》，《考古学报》1977年第2期：57～98页。

青铜器不是王室的唯一象征，但他们却是财富首要的象征。王室的其他重要标志物还有旗帜和斧钺。周武王灭商前夕的一段誓辞可以作为证据："时甲子昧爽，王朝至于商郊牧野，乃誓。王左杖黄钺，右秉白旄以麾，曰：逖矣西土之人！"①这些王权标志物显然就是权力的象征：斧钺代表处罚，旗帜代表人力。九鼎则象征着一种截然不同的权力。正如俞伟超和高明在其论文中阐述的那样，对不同类型和规格的周代铜鼎的研究，是周代政治等级演变研究的重要切入点。②

祭祀与沟通

正如我们在第三章开头对《国语》的引述，巫术仪式包含了一系列的酒器、食器等仪式用具（图38）。三代的礼器由以青铜为主的多种材料制作而成，包括许多不同的器型，且每个器型都有其特定名称。迄今为止，容庚对商周青铜礼器的综

① 《尚书·周书·牧誓》。英译文引自Bernhard Karlgren, *The Book of Documents*（Stockholm: Museum of Far Eastern Antiquities, 1950）, p. 29。

② 俞伟超、高明：《周代用鼎制度研究》，《北京大学学报》（哲学社会科学版）1978年第12期、1979年第1期。

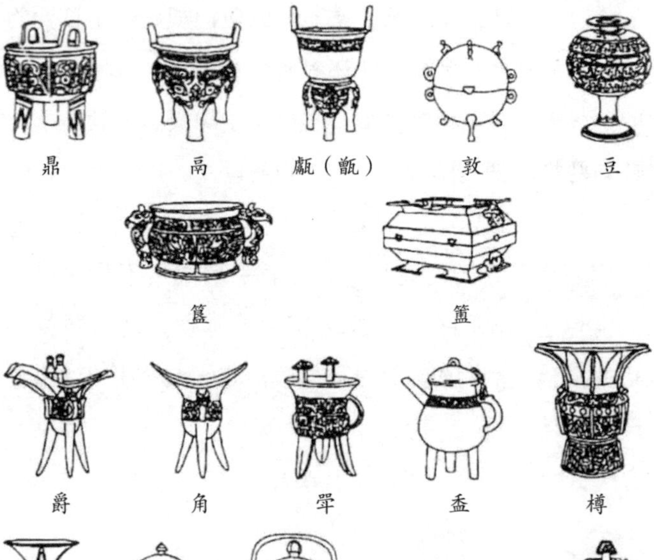

图38　古代中国青铜礼器中“食器”和“酒器”的主要种类

合研究[1]最为详尽，他详细地描述并讨论了商周青铜礼器的主要器型。他列举了12个“食器”器型、22个“酒器”器型、15个“水器及杂器”器型、8个“乐器”器型。他所列举的器型仅涉及青铜器，而且都能结合文献记载自证其说。另外还有很多器型仅能在古典文献中找到名称；也有一些礼器用石头、陶土、木头、藤条和漆制成。祭祀用器种类之繁多、分类之复杂，彰显出以青铜礼器为核心的商周祭祀仪式的烦琐。显然，如此精致奢华的祭祀仪式及随之而来的与祖先神灵的沟通，对管理艺术来说必不可少，并依赖于那些装饰动物纹样的青铜礼器。拥有它们是统治者获得祖先智慧的必要保障。因此，九鼎既是祭祀仪式的象征，也是统治的象征。

技术与控制

除青铜器外，财富也包括玉、贝等其他物品，礼器也是由各种原料制作而成的。然而，只有青铜器的制作工艺必须要保证充足的资源控制和人力组织，可见在获得权力的各项重大事件中，青铜的意义非其他可比拟。这就是青铜时代（至少在中

① 容庚：《商周彝器通考》，北京：哈佛燕京学社，1941年。

国的青铜时代）青铜器主要用作礼器的原因。

在古代中国，制作青铜器难度较大且较为昂贵，其过程从挖掘矿石开始，继而熔炼、运输、合成、铸造，最后到完成制作。这一冗长的制作过程和数量繁多的成品，都需要一个完整的产业网络，因此这件事情只有掌握巨大政治权力的人才能办到。

铜、锡矿藏需要勘探和开发。到目前为止，我们还没有发现商代的古矿藏，但近年来考古学家在长江中游的湖北大冶铜绿山发现了一处周代晚期的铜矿。这个铜矿距离地表50多米，有竖井连通。散布在四周的矿块表明此处曾挖掘出成百上千块铜矿石。[①]周代晚期的哲学家、政治家管子（逝于公元前645年）在其哲学论著中说："出铜之山，四百六十七山；出铁之山，三千六百九山。"《山海经》中也记录了34处铁矿、30处铜矿、139处金矿、20处银矿和5处锡矿[②]。然而在中国北方矿藏的最新名单里，几乎找不到这些铜矿或锡矿。[③]但石璋如研究发现，不同历史时期的文献所提到的铜、锡矿有很多

---

① 详情可参见Xia Nai and Yin Weizhang, "Digging up an ancient copper mine", *China Reconstructs* 31（March 1982）: 38～40。

② 北京钢铁学院：《中国古代冶金》，北京：文物出版社，1978年，31页。

③ 翁文灏：《中国矿产志略》，《地质专报》乙种第一号，北京，1919年。锡矿见于103～119页，铜矿见于119～138页。

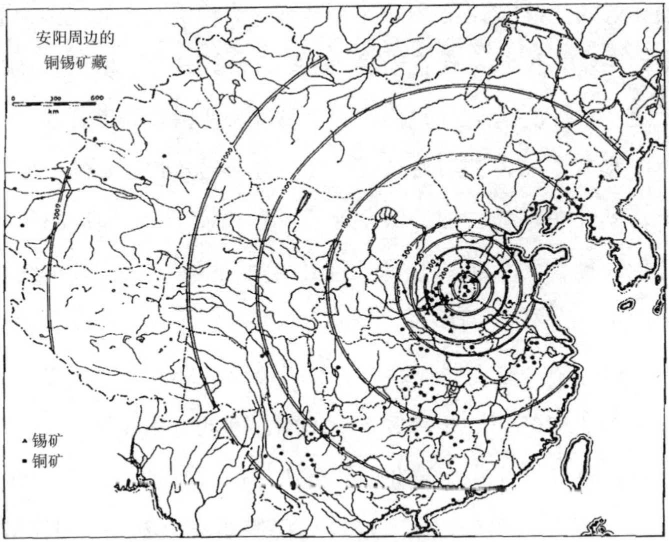

图39　商都安阳周边已知并有记载的铜、锡矿藏分布图（据石璋如研究）

就位于商都安阳的范围之内（图39）。[①]这些矿藏也许规模较小且在多年前已发掘殆尽。中国冶金史的最新研究数据表明，即便是铜含量很高的矿石（如作为古代中国铜资源首选的孔雀石），每熔炼100千克铜液也需要三四百千克甚至更多的矿石。[②]考虑到有些铜矿石质量较次且生产过程中可能存在的浪

① 石璋如：《殷代的铸铜工艺》，《“中央研究院”历史语言研究所集刊》第26本（1955年），95～129页。

② 北京钢铁学院：《中国古代冶金》，北京：文物出版社，1978年，31页。

费和低效，1:5的铜矿石出铜率或许更为现实。上面提到的殷墟妇好墓出土了468件青铜器，发掘者估算其总重量可达1625千克[①]。假设锡矿石的锡产量与铜矿石的铜产量相当，仅此一座墓葬的青铜随葬品就需要开发超过8吨的矿石。1978年，湖北东部随县擂鼓墩发现了一座稍晚于公元前433年的周代晚期曾侯墓葬，出土了140件青铜容器、65件青铜编钟和超过4500件青铜兵器。[②]简报并未公布每一件青铜器的重量，但其中一些礼器和编钟的器型都异常之大，有两件容器分别重达320、362千克，最大的编钟也重达204千克。粗略计算，仅此一座贵族墓葬中，青铜制品总重量可达约10000千克，需要100吨矿石。如此，我们便不会对古代铜矿早已被开发殆尽而感到惊讶了。寻找和保护铜、锡矿藏势必需要动用相当可观的武装力量，这可能是夏商都城频繁迁移（历史文献记载，夏代迁都9次，商代迁都13次）的动因之一。铜矿石在矿山熔炼后，可能需要铸成铜锭，以便运回铸造作坊，运输路线毫无疑问会经常有军队护卫。

在铸铜作坊里，铜锭会再次熔化并通过精细的“合范”

---

① 中国社会科学院考古研究所编著：《殷墟妇好墓》，北京：文物出版社，1980年，15页。

② 湖北省博物馆：《随县曾侯乙墓》，武汉：湖北省博物馆，1979年；北京：文物出版社，1980年。

过程铸造成型（图40）。万家保将铸造过程概括为以下几个步骤：

1. 制模（model）。根据纹饰特征，将一部分纹饰刻在模上，另一部分则会稍后刻在范上。随后将模烘干。

2. 将厚约15毫米的陶土敷在模上，制成外范（mold）。外范的边缘用刀具处理，同时要抹一层脱模剂以防止范与模粘在一起。外范的分割与块数由器物形状决定。随后将外范烘干。

3. 刮掉模的表面，制成内范（core）。刮掉陶土的厚度等于或略大于所铸铜器的壁厚。

4. 将外范合拢在内范四周，整体以草绳捆绑或置于沙箱中以保证其紧实度。范需要倒置，以芯撑支撑悬浮的圈足或器座的内范。

5. 最后，将铜溶液倒入范中。目前还没有证据显示，倾倒熔液之前需要将范预热到什么温度。但为了防止铜溶液与范接触时瞬间冷却，范的预热温度一定会很高。商代铜器上的清晰纹饰表明，在这一铸造的关键步骤中，并未发生铜溶液缺失的情况。[①]

多数学者认为，合范铸器的过程极具中国特色且很有可能

① 李济、万家保：《殷墟出土青铜觚形器之研究》，台北："中央研究院"历史语言研究所，1964年，121～122页。

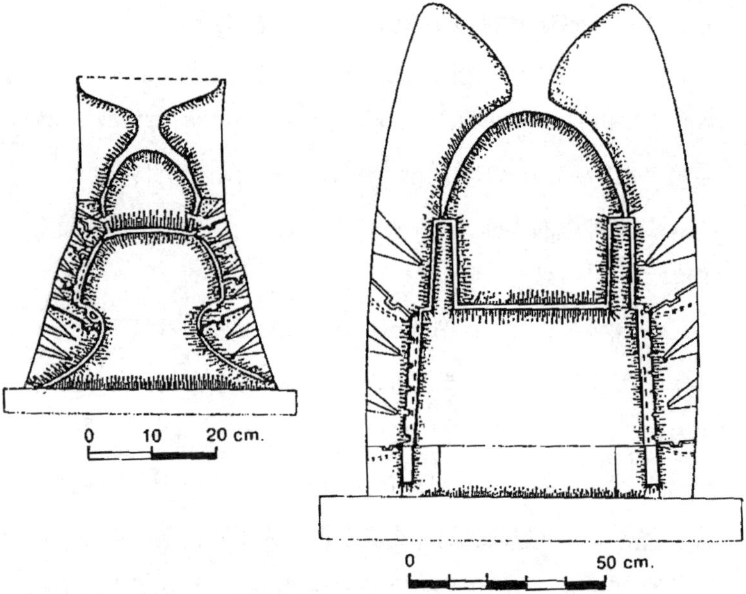

图40 商代铸造青铜器所用陶范

当陶范因金属溶液倒入而受热时，其周边的V形切口可为陶范的膨胀提供空间。铸造完成后，外范可无损脱离，但内范通常会被敲碎。

起源于中国本土。[1]当用此法铸造纹饰繁缛的大型器物时，作坊内的大规模协作、完美精准的计时和作坊内部分工专业化，绝对必不可少。拥有此类青铜器，是掌控权力的强有力象征。事实上，制作工艺如此复杂的青铜器，或许是古代中国的典型强权政治产生的主要原因之一。

① Noel Barnard, *Bronze Casting and Bronze Alloys in Ancient China*, Monumenta Serica Monograph 14 （Tokyo. 1961）; Noel Barnard and Satō Tamotsu, *Metallurgical Remains of Ancient China* （Tokyo: Nichiosha, 1975）; Wilma Fairbank, "Piece-mold craftsmanship and Shang bronze design", *Archives of the Chinese Art Society of America* 16 （1962）: 8~15; Ursula Franklin, "On bronze and other metals in early China," in *The Origin of Chinese Civilization*, ed. David N. Keightley （Berkeley: University of California Press, 1983）.

第七章　政治权威的崛起

此前，我们对确保政权始终掌握在统治阶层手中的诸多因素进行了讨论。在此，我们将审视相关历史证据，来考察这些因素是如何随着时代前进而产生的。这些因素可简括如下：

1. 个体在层级明确的父系氏族以及所属宗族体系中的地位。

2. 一个有交互关系的地方政体网络，每个政体都控制着重要资源，它们共同组成相互关联又互为强化的政治体系。

3. 包括青铜兵器和车马器在内的军事装备。

4. 当权者传承自神话时代，且功在当代、福泽大众的丰功伟绩。

5. 作为信息载体的文字，它与个人在亲缘关系中的地位和祖先智慧有关，是政权统治和预测能力的关键因素。

6. 通过载歌载舞的巫术仪式来交通天地的特权，这些仪式除利用文字，还要利用动物艺术和青铜礼器。

7. 财富及其光环。

以上所有因素密切相关且互为因果，它们在古代中国历史发展中的重要性毋庸置疑，且已经为历史经验所证实。然而，若单独考察某一因素，就会发现其因果相续的动力层级又不甚明了。想要确定古代中国权力体系的产生过程，我们必须追溯到三代之前的中国史前时代。这项工作必须在中国史前文化的框架下进行，中国北方就有从裴李岗文化（公元前7000—前5000年）到仰韶文化（公元前5000—前3000年）再到龙山文化（公元前3000—前2200年）的文化发展序列。然而，这些以陶器类型和样式建立起来的文化特征，并不适用于我们对政治权威崛起过程的追溯。在追溯这些“促成因素”（enabling factors）的考古学历史之前，我们必须先研究这些“促成因素”的特定考古学表现。以下几类考古学证据适用于我们的研究任务。

1. 青铜及其他铜合金的特殊应用，为我们寻找对于技术革新和资源集中较为重要的考古学文化区域提供了重要线索。（铜合金在农具中的应用可以表明，技术对于生产和财富积累至关重要。）尽管如此，此类应用在古代中国并不常见。“全国各地考古工作者发掘了很多商周遗址，出土大量农具，但青铜制的农具寥寥无几，这是无法否认的客观事实”[①]。当青铜时代的农具仍然由石头、木头、鹿角和骨头制造之时（图41），青铜则大量地用来制造兵器、礼器（食器、酒器和乐器）、饰品和诸如斧、锛、凿等木工用具。木工用具大概为建造战车这一青铜时代最强大的武器所必需。这种应用模式在中国青铜时代尤为突出，青铜时代的青铜器主要用于“国之大事”祭祀和战争［《左传·成公十三年》（公元前579年）］。换言之，如果青铜可以作为古代中国应用稀缺资源的缩影，那么政治文化在中国文明起源之初就发挥着核心作用。

2. 聚落形态（settlement patterns）的考古学研究为广域内同时期遗址的等级关系研究提供了基础信息。等级分层由聚落规模及其遗存性质决定。同时必须强调的是，空间构成（spatial configuration）不能单独作为分析聚落关系的可信依据，而现有的文献资料必须尽可能地加以利用。[②]遗憾的是，对于古代中国的区域调查还不是常规考古学工作，而古代城市研究也多为个案研究。因而，中国青铜时代的聚

① 陈文华：《试论我国农具史上的几个问题》，《考古学报》1981年第4期。

② 研究实例有K. C. Chang，“Settlement patterns in Chinese archaeology: A case study from the Bronze Age”，in *Prehistoric Settlement Pattern Studies: Retrospect and Prospect*，ed. E. Z. Vogt，Jr.，and R. Levanthal（Albuquerque: University of New Mexico Press，1983）。

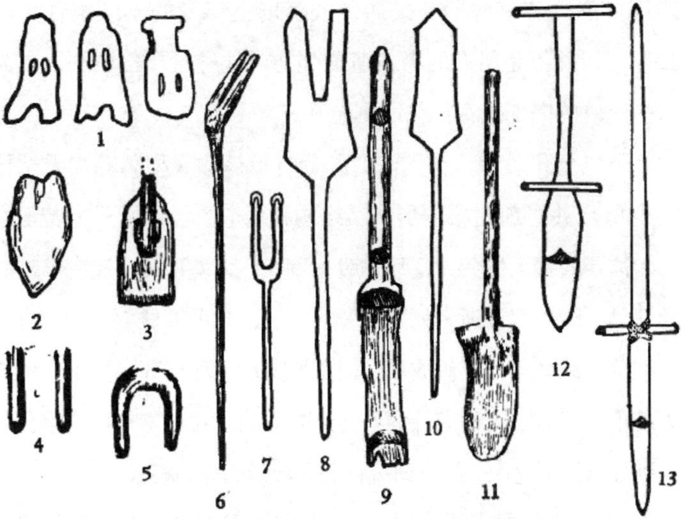

图41　古代中国的一些农具：耒（4～8、13），
耜（1～3、10、12），镬（9、11）

多为木质，1为骨质，2为石质。1～4属新石器时代，5属商代，6～10属汉代，11属东周，12、13来自今天的西藏。

落形态资料比较匮乏，所以我们只能以文献资料为基础进行研究。

3. 考古学有一些公认的标准方法来区分社会地位的不同，一般要通过观察建筑和墓葬。研究三代建筑，首先要区分地上建筑（一般有夯土地面或建筑基座）和地下建筑。考虑到地上建筑所需要的劳工数量，此类建筑大概归精英贵族所有。地上建筑可能是“宫殿”“民居”或者以上二者的不同组合（图42），但并不是所有的考古遗址都能对此进行严格识别，因为这些建筑的内部遗存往往所剩无几。

研究墓葬遗存，首先需要区分有棺椁的大型墓葬和无棺椁的小型墓葬。前者根据形状、结构和墓道数量可以分为若干类别，需要耗费大量劳力，且一般有殉人。大型墓葬一般有丰富的随葬品，既可保证逝者死后的奢华生活，亦可彰显主人的富有。小型墓葬则属于低等级成员，根据埋葬环境和随葬品数量亦可分为若干组。有时因研究计划不同，墓葬的尺寸和富有程度也会参与到分组标准之中，用以研究社会和政治的分组模式。

4. 有组织暴力活动的证据表明，战争是社会的标准配置，通常情况下暴力已经不是个人或偶然的行动。一个剥皮的头骨或人类遗体中的箭头，不一定意味着暴力活动的制度化；但当此类遗存与随葬兵器或防御性的城市壁垒或战车共存时，就足以证明暴力机制的存在了。箭头作坊或者士兵墓地遗存，就像稀有金属用于制造兵器而非用于生产技术一样，都意味着战争已经成为国家事务。

此前我们讨论过获得权威的物质性途径（the material means of access），为研究政治权威体系提供了显而易见的考古学证据。甲骨说明了巫术交通天地活动的存在，但相对于宗教功

图42　古代中国“宫殿”复原图

上图为二里头遗址的夏代宫殿；下图为湖北黄陂盘龙城的商代宫殿。

图43　陕西西安半坡遗址的新石器时代仰韶村落布局模型

能，在甲骨上篆刻卜辞更是一种政治行为。祭祀用器上的动物纹饰与巫术有关，但其在奢华稀缺艺术品上的使用则是巫术政治的一部分。

以上是形成三代特有政治体系的影响指征（sensitive indicators），我们可以利用这些指征来仔细分析史前资料，进而考察这一体系是如何产生的。

我们认为，根据裴李岗和仰韶时期的考古资料，从黄河流域农业生活肇始到农耕村落的巅峰，尚未出现具有三代典型特征的政治权威体系，也没有发现社会或政治分工以及有组织暴力活动的证据。尽管如此，对于陕西仰韶文化，还有三个突出问题值得深入探讨：

第一个问题与部分仰韶村落的布局有关。例如在西安附近的半坡（图43）和姜寨遗址，村落中的房屋可分为若干组且围绕中央广场大致呈环形分布。[①]根据一项关于村落布局及社会构成的跨文化研究[②]，这种“有计划的”（planned）分组村落布局有力地说明各组房屋里面居住的是家庭直系成员。三代社会典型的氏族和宗族特征的起源可能不晚于仰韶时期。

第二，在半坡和姜寨等多处仰韶文化遗址的陶器上发现的陶匠记号，是仰韶时期氏族和宗族或已存在的有力证据。很多学者坚持认为这些刻符就是中国文字的最早形式。诚然，有些刻符与商周文字系统中的某些汉字相同，但这些符号均为单独出现，不能作为其为书写语言的证据。就像很多商周礼器铭文一样，将其看作是氏族和宗族的族徽更为合适。这些仰韶时期的器物显然是实用器，而非祭祀用器。相对于文字在交通天地

---

① 半坡遗址的情况请参见《西安半坡》，北京：文物出版社，1962年，9页；石兴邦：《半坡氏族公社》，西安：陕西人民出版社，1979年，6页。姜寨遗址的情况请参见《临潼姜寨遗址第4至11次发掘纪要》，《考古与文物》1980年第3期，1～13页；巩启明、严文明：《从姜寨早期村落布局探讨其居民的社会组织结构》，《考古与文物》1981年第1期，63～71页。

② K. C. Chang, “Study of the neolithic social grouping: Examples from the New World”, *American Anthropologist* 60（April 1958）: 298～334.

图44　半坡仰韶文化陶碗内壁的人面双鱼纹彩绘

等活动中所发挥的沟通作用而言，族徽（如果可以如此推断）更多地揭示了社会性质相关的内容。

第三个问题与仰韶文化中的巫觋有关。公元前1000年的“巫觋之书”[①]《山海经》中，有若干记载与类似巫觋的人物有关，他们的耳部、手部或脚踝戴有蛇或龙。半坡出土的陶盆经常在红陶表面装饰一种黑彩或深褐彩的人面双鱼纹（图44）。玛丽莲·傅（Marilyn Fu）认为，这些人脸可能就是巫觋的脸，耳侧的双鱼代表《山海经》中的“珥两蛇”。如果此说属实，后世中国巫觋最晚可以追溯到仰韶时代，但我们仍无法

① 袁行霈：《山海经初探》，《中华文史论丛》1979年第3辑，7～35页。

证明这些巫觋与三代时期的政治体系有关。

然而，巫觋与政治体系的关联确实出现在此后的史前考古学文化中。我将这一时期的考古学文化定义为龙山形成期的文化，但在不同区域可以用特定区域文化来命名，如河南龙山文化、山东大汶口文化、湖北屈家岭文化、浙江良渚文化。[①]这些文化几乎同时（公元前4千纪晚期至3千纪早期）出现在中国的各个地域，为研究古代中国政治文化提供了一系列丰富的长时段考古学证据。

这一时期，卜骨（通过灼烧动物肩胛骨进行占卜）在中国北方流传开来，但卜甲和刻辞甲骨仍未出现。

这一时期，陶器刻符仍有发现，但仍无法作为书面语言出现的证据。

这一时期，若干小型金属器物出土于龙山遗址和其他同时期遗址，但金属并未用于制造礼器或兵器。

这一时期，还出现了一些有关战争的证据。中国北方的一两处龙山村落中建筑了夯土城墙，河北邯郸的一处龙山遗址还发现了村落冲突的证据，包括扔在井里的人骨和剥皮的人类头骨等（图45）。然而这些遗址的年代是否早于三代尚无定论。

---

① K. C. Chang, *The Archaeology of Ancient China*（New Haven: Yale University Press.1977）, ch. 4.

图45　上图：20世纪50年代在河北邯郸龙山文化遗址的一座井底发现的人体骨骼

下图：该遗址出土的人类头骨，有剥皮迹象

这一时期，长江流域的龙山遗址发现了装饰有兽面纹的陶器和祭祀用器（琮），这些兽面纹与后世青铜器上的饕餮纹类似。这一发现或可表明，这些动物在巫术祭祀中同样具有协助联通生者与逝者的功能。

这一时期，出现了以工艺繁复、薄如蛋壳、抛光黑皮为典型特征的轮制陶器。毫无疑问，这些陶器皆由专业工匠制作，为祭祀仪式所用。

在河南的一些龙山遗址中还发现了陶祖（图46）。陶祖的出现使我相信，这一时期存在男性祖先崇拜。

山东和苏北的大汶口文化中常见随葬品丰富的大型木椁墓（图47）。基于对中国东部沿海新石器墓葬遗址的综合分析，皮尔森（Richard Pearson）总结认为，“中国沿海地区新石器时代大汶口文化墓葬遗址的发展序列研究，反映了财富的增

图46　河南龙山文化遗址出土的陶祖（高约12厘米）

图47　山东泰安大汶口新石器时代遗址一座随葬品丰富的墓葬

上图为10号墓墓穴，下图为该墓的随葬品。

长、社会分工和妇女儿童地位的降低……社会逐渐演变为男性掌握权力和财富，手工业专业化开始出现。有些墓地在空间划分上表现为男人、女人和儿童集中埋葬，这是宗族重要性得到强化的表现”①。

以上诸项综合起来，就是一种政治文化的考古学表现。这种政治文化还不具备三代时期政治文化的所有特征，但它确实为后者奠定了基础。这个社会在父系氏族制度的基础上出现了清晰的等级差别，具有暴力活动的特征，其仪式主要为由祭祀用具、动物和卜骨作为协助的占卜活动，并开始炫耀财富。此外，这个社会的相关证据也几乎同时出现在了自然环境迥异的几个毗邻地域中。另一方面，生产技术的巨大进步以及地区间对土地和资源的争夺，并未在这些文化中体现出来。

龙山文化形成期的年代为公元前3千纪到三代时期，恰好与中国传说历史中的英雄先贤的出现时间相一致。历史学家们曾一度认为整个传说时代系汉代哲学家所杜撰。近年来，因为考古资料尤其是出土文献的相继发现，我们对古代文献和历史传说的真实性越来越有信心。古代部落首领、英雄先贤的传说可以作为我们解读龙山文化形成期考古学资料的有益线索。

---

① Richard Pearson, “Social complexity in Chinese coastal neolithic sites”, *Science* 213 (September 1981): 1086.

这些神话传说对政治文化的描述十分具有说服力。[1]中国的不同地域由不同的氏族所占据，如黄帝的姬姓氏族（周人之氏族）、子姓和姒姓氏族、淮河流域的嬴姓氏族、山东的风姓氏族、长江中游的祝融六姓及其他规模地位各异的氏族。部落建立在氏族及氏族联盟的基础之上，各个部落均有其独特的部落文化（图48）。我们可以尝试将某些传说部落与某些龙山文

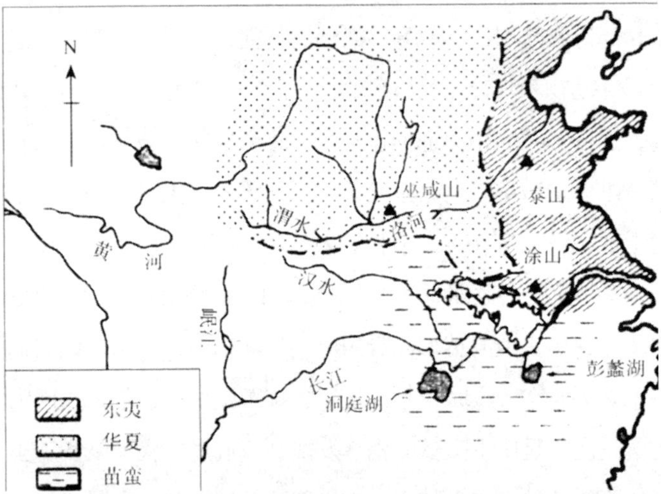

图48　古代中国三大主要族群的分布图（据徐旭生分类绘制）

① 关于中国传说史前史的杰出研究有徐旭生的《中国古史的传说时代》（北京：科学出版社，1960年）；傅斯年的《傅斯年先生学术论集》（香港：龙门书局，1969年）。

化进行对应。虽然在文字材料出现之前，这些对应都无法形成定论。但迄今为止，考古学材料与神话图景之间并没有相互抵触。

神话传说也为政权轮替提供了信息，尤其是与尧舜之间所谓的“禅让”有关的信息。尧在位时选择了广受推崇的有德之人舜作为其继承人，而没有选择自己的儿子丹朱。舜在位时选择了治水有功的大禹继位而非其子商均。这些行为被古典哲学家们奉为范例，并在一定程度上赋予了统治者以道德权威。当然，这些传说也可能是古代政权“轮流承继制”（rotary succession）的遗留，我曾对商王的“轮流承继制”进行过复原[①]。

考古学与传说历史在三代时期开始会合。如前文所述，夏代暂时只能与二里头文化相对应，但是商周历史的概况和部分细节已经可以为考古学资料所证实。我们再也不会怀疑三代时期政治文化的存在：二里头文化中已经找到了除文字之外所有关于政治文化的考古学表现（图49）。

既然我们已经对有关古代中国政治权威崛起的考古学材

① K. C. Chang, “T′ien Kan: A key to the history of Shang”, in *Ancient China: Studies in Early Civilization*, ed. D. Roy and T. H. Tsien (Hong Kong: Chinese University of Hong Kong Press, 1978).

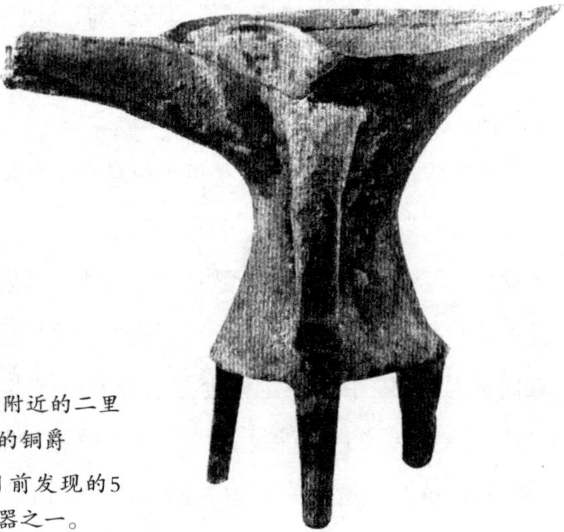

图49　河南洛阳附近的二里头夏代遗址出土的铜爵

它是中国目前发现的5件最早的青铜礼器之一。

料进行了讨论，那么我们又该如何看待这一历史进程呢？让我们再次回顾新石器时代的早期文化。在有公元纪年的数千年前，中国版图上已经散布着以氏族和宗族为分组的农业村落。在这里，氏族或宗族的成员资格，是书写符号开始应用的唯一原因（在世界上的其他地区，书写符号的首次应用通常有经济事务等其他起因）。村落内部成员的等级划分或许建立在亲属关系的基础之上，这一渊源甚深的事务是古代中国社会的基准。随之而来的就是村落间的等级重组，这一进程可能在龙山文化形成期就已开始。

这种重组经由方向相反而殊途同归的两个过程得以实现。首先，需要有村落的裂变（fission）和宗族的分支（segmentation），致使单个村落数量增加。其次，需要有一些村落被其他村落所征服，导致独立的政治单位数量减少。二者相结合，就会增加村落内部和村落之间政治权威的层级。层级的最高端是征服者村落中最接近主要宗族的人，最低端是距离主要宗族最远的人和被征服村落中的人。

这不是一个稳定的政治权威体系。古代中国氏族和宗族众多，其数量也因裂变而持续增长。最终氏族和宗族的数量会增长到依靠血缘关系也已无法维持各个村落、氏族和宗族旁支之间的相对政治地位的稳定。这时就需要使用一些更加实用有效的手段，主要为以下三种：道德权威（胡萝卜）、强制力量（大棒）、通过垄断交通神灵世界的权限而获得的独有智慧（宗教和仪式）。到了三代时期，古代中国政治体系的形态已清晰明确，中国地域内出现了少量的国家。

我们所说的文明，是政治权威崛起的结果和必要条件。文明是财富集中的具体表现。在古代中国，财富主要通过政治权力来获取，而财富也是获得和保持政治权力的必要条件。统治者只有先确立政治权威，方可行使政治权力。考古学研究表明，确保统治者建立这种权威的几个要素本身，就是文明的组成部分。

要从这一等式（equation）中分离出变化的动因，虽然有些困难，却并非不可能。首先，我们来阐述一些术语。在世界古代文献中，我们经常会遇到“文明”（civilization）、“城市化”（urbanism）和“国家”（state）这几个词。在中国古代文献中，这三个词显然是同一个方程式的几个方面。当村落变得越来越大、越来越复杂的时候，它们发展成了城市中心或城市群落。当他们希望进行新的等级划分时，他们就组成了政治单元，其中一些政治单元可以被称为国家。文明是物质财富集中的表现，是政治权威崛起的结果和必要条件（再次强调）。在这个等式中，技术首先被排除在外，它不是文明或国家出现的主要动力。因为在中国，资源的最初集中（文明）是通过政治手段（国家社会）完成的，而非通过技术进步，就像我们研究古代青铜器时所看到的那样。人口压力和地域限制亦应排除，这两个因素无论单独还是联合起来都不会成为主要原因，因为中国有足够的扩张空间。实力相当、位置相邻的几个国家的形成可能会导致政治扩张受限。但周代史料表明，政治扩张可以通过在远离国境的无主土地上建立新的城镇来完成。

从中国地图上，我们可以看出政治文化在资源分配中占据首要地位。当人口增长、食物需求增加时，人们会被外遣、建立新的聚落，他们的母邦会在既定的等级权力和资源分配体系之下为其提供支持和保护。当不同政治地带的聚落之间发生矛盾冲突时，征服和被征服会再次催生内涵多样的等级体系。权力与财富相互依赖，互为给养。随着时间的流逝，它们的数量在增长，体积在扩大，复杂程度在提升。从开端到巅峰，是一个复杂程度不断提升的连续进程，我们可以随意将其分成几个部分来研究社会演化的进程。

以上述研究为基础，我们可以对关于古代文明的普遍性理论和涉及古代中国文明的特有理论进行一个简要的考察。我们很想知道，目前关于古代中国及其政治的研究结论是否与其他相关结论相同或相矛盾，它们的相同点和对立点又在哪里。当然，在此我们只涉及西方理论，不涉及传统的儒家理论，因为儒家理论本身就是我们研究材料的基础组成部分。

西方关于古代中国政治的理论集中于对东方社会（the Oriental society）概念的讨论。“18世纪末期，东方社会的概念，作为一个独特类型，由所谓的古典经济学家提出来。这一概念的创造，是由于这些经济学家无法以封建主义或资本主义制度下的希腊或罗马为出发点来研究古代埃及和美索不达米亚或者同时期的中国和印度的经济。马克思（Marx）对其进行了修订，社会学家韦伯（Max Weber）承续了他的观点，魏特夫（Karl Wittfogel）对这一理论进行了最终扩展。”[①]当我们已经对中国社会的起源有所认知之后，再来看这一概念及其变化过程，是一件很有意思的事情。遗憾的是，不论马克思、韦伯或是魏特夫，都没有接触过三代时期的考古材料，他们对东方社会性质的描述以及对东方社会成因的推测皆由后期历史推演而来，甚至他们所掌握的后期历史资料也是二手材料。

根据马克思对历史发展规律的研究，原始公社制度之外还有三或四条社会发展路线，其中之一就是东方制度。“这一制度的基本特征就是农村公社内部手工业和农业的自给自足，其内部具备再生产和扩大生产的一切条件，因此相对其他制度，这种制度更加顽固地抵制着分裂和经济发展。东方专制制度中关于财产的理论上的缺失，掩盖了作为其基础的部落或公社的财产。这种制度有多种组织形式，可以是分权的，也可以是集权的，可以是专制的，也可以是民主的。在这一制度下，小规模社区作为大型公社联合体的组成部分而存在，他们会贡献自己剩余产品的一部分以满足大型公社联合体的消耗，如战争、宗教崇拜等，或者为了水利灌溉和交通设施的维护等经济性运作，以上这些活动似乎只能由凌驾于小规模社区之上的专制政

① Morton H. Fried, *Readings in Cultural Anthropology*, vol. 2（New York: T. Y. Crowell, 1959）, p. 95.

府这种高等级的社区才能完成。……公社的‘封闭性’意味着这些城市基本不参与经济活动，除非某些区域特别支持对外贸易，或者统治者或地区长官需要以其税收（剩余产品）来交换劳动力，他们会将其全部用于劳动力基金。因此，这种亚洲制度并不是阶级社会，或者说如果它是个阶级社会，也是阶级社会的最原始形式。”①

马克思少量的东方（亚洲）制度论著，促使大量的社会学研究著作问世②。然而，一向被认为是适用于这一模式的古代中国，究竟在多大程度上符合这一理论构想，却是个值得思考的问题。马克思可以看到的关于中国历史的欧洲文献，显然有其广度和深度上的局限性。③安德森（Perry Anderson）断言：“马克思对中国的评论是……他对亚洲历史认知局限性的决定性例证。”④如果是这样的话，马克思关于静态的、自给自足的农村公社制度的构想，与古代中国城镇与城市的情况完全不符。古代中国城镇与城市的发展是在不断变化且等级分明的经济和政治体系中的动态互动过程。

---

① Karl Marx，*Pre-Capitalist Economic Formations*，introd. by E. J. Hobsbawm（New York：International Publishers，1965），pp. 33～34.

② Perry Anderson，*Lineages of the Absolutist State*（London：NLB，1974），pp. 462ff.，under the heading“The Asiatic Mode of Production”.

③ Marx，*Pre-Capitalist Economic Formations*，pp. 21～22.

④ Anderson，*Lineages of the Absolutist State*，p. 492.

与马克思理论上的不足相反，韦伯对中国史学的了解及贡献使其完全有资格被称为“汉学家”。[①]他提出的“世袭制国家”（patrimonial state）的概念，当然并不仅限于中国甚至东方制度。这些国家（在这里，“国君在其世袭领地和政治主体之外组织其政治权力，就像在行使家族族长权力一样，并非随意决定或进行政治强制”），或者“具有相当明显的世袭属性”的国家，“绝大多数都是近代或近代初期强大的大陆帝国”。[②] 韦伯在将其世袭制国家概念应用到中国时，有如下描述：“同样地，这里世袭官员的权力也建立在河道整治尤其是运河开凿的基础之上……以及大型军事防御工程之上。而要使其成为可能，只有通过使用无偿的强制劳动力和积累的实物贡赋；官员们的俸禄和军队的装备与补给皆源于此。此外，相较于埃及，中国的世袭官僚机构因缺少土地贵族而获益更多……基本上，掌控地方势力的氏族只有在得到商人和手工业行会支持时，才能与世袭官员相抗衡。”[③]正如惠特利（Paul Wheatley）指出的那样，世袭制国家的本质特征确实与商朝的

① Otto B. van der Sprenkel, “Max Weber on China”, in *Studies in the Philosophy of History*, ed. George Nadel（New York; Harper & Row, 1965）.

② Max Weber, *Economy and Society*: *An Outline of Interpretive Sociology*, vol. 2（Berkeley: University of California Press, 1978）, p. 1013.

③ Weber, *Economy and Society*, p. 1047.

情况相类似。[1]但是斯伯汉凯勒（Van der Sprenkel）却发现[2]，韦伯利用了中国历史上各个时期的史料。然而，中央世袭官僚机构与以异姓通婚氏族为基础的地方贵族之间的抗衡，在中国历史的后段才明显表现出来。三代时期的世袭制国家本身就是以异姓通婚氏族为基础，异姓氏族之间也因通婚而互相交往。此外，世袭制或许为国家提供了一个组织机构框架。但国家权力只是虚构地建立在亲属关系基础之上，它必须通过上述各种行之有效的手段来证明和施展。因此，把商朝或其他古代中国的国家称为"世袭制国家"，也无法直接确定与国家形成相关的政治制度的关键机制。我们还必须去寻找政治权力的真正基础。

韦伯强调河道整修（他认为河道主要用于运输）是权力的主要基础这一观点，在魏特夫的"水利社会"（hydraulic societies）或者说"灌溉文明"（irrigation civilizations）的理论中得到了进一步发展。[3]在此将不予赘述，但将水利控制作为国家权力主要基础的理论缺乏三代考古资料的支持。古代中国

---

① Paul Wheatley, *The Pivot of Four Quarters* （Chicago: Aldine, 1971）, p. 99.

② Van der Sprenkel, "Max Weber on China", p. 199.

③ Karl Wittfogel, *Oriental Despotism: A Comparative Study of Total Power* （New Haven: Yale University Press, 1957）; idem, "The theory of Oriental society," in *Readings in Anthropology*, ed. M. H. Fried, vol. 2 （New York: T. Y. Crowell, 1959）, pp. 94～113.

的考古学资料和出土文献中没有关于水利控制的明确证据，权力作用机制应该形成于其他领域。

显然，本文的讨论与关于中国的史学和社会学的概括性理论高度相关。也许某一天，通过本书的研究材料，我们也会设计出诸如人类文明起源动因等问题的概括性理论。现有的史学理论一般以西方文明史为研究基础。在现代世界，西方文明经历了人类发展史上最为举世瞩目的扩张，并迅速覆盖全球。西方文明的扩张带来了西方理论的传播，这些理论的构建植根于强大而厚重的西方历史，并被用来解释所有人类社会的起源和历史。由于这些理论时常会指导那些社会政治活动家去改造世界，他们所带来的效益绝不仅仅是学术上的。

是时候考虑以下这些问题的可行性了：历史理论可以建立在其他文明的发展之上，而这些理论可以为我们讨论抽象的历史规律和未来的政治活动提供崭新的视角。为什么对历史理论的重新审视已迫在眉睫了呢？中国本身就是原因之一。

中国历史与西方历史一样强大而厚重，却没有人以同样的方法对其进行分析并总结普遍规律。①在19世纪到20世纪初期

---

① 关于中国史学的概述，请参见Arthur F. Wright，“On the uses of generalizations in the study of Chinese history”，in *Generalization in the Writing of History*，ed. Louis Gottschalk（Chicago：University of Chicago Press，1963），pp. 36～58。

中西方开始碰撞之时，社会学理论的传播实际上是自西而东的单向过程。[①]当时，大多数西方社会理论家和史学家还找不到合适的工具或技术以借助2000多年的文字记载来研究其所不熟悉的中国历史，也没有人想要融会贯通中国的资料以建立新的概括性理论。上述关于马克思和韦伯的一些题外讨论恰恰证实了这一点。各种各样的社会科学范例、模型、概括性理论和概念被应用于中国研究，然而以中国原始材料为基础的原创性研究却少之又少，赖特（Mary Wright）曾痛心疾首地提出："如果说社会学学家的目的是为了建立最具有适用性的概括性理论，如果说概括性理论的适用度取决于其所适用的现象的范围，其自身研究的理智需求难道不会引导他们去研究一下中国资料中的相关内容吗？"[②]

这个问题在今天看来尤其具有针对性，因为近年来，我们对于中国历史的认知因考古学成果而显著扩充，使我们能够开始观察中国文明的起源问题。在这本书中，我对于解释古代中国政治权威崛起的原因进行了初步探索，希望能为历史理

① Donald W. Treadgold, *The West in Russia and China*, vol. 2, *China: 1582—1949*（Cambridge: Cambridge University Press, 1973）. 该书讨论了自明代末期基督教传教士进入中国直到现代（1582—1949）这一历史时期中西方思想对中国的影响。

② Mary Wright, "The social sciences and the Chinese Historical record", *Journal of Asian Studies* 20（February 1961）: 220～221.

论研究提供一些引人深思的内容（food for thought）。政治权威崛起的议题适用于所有的古代文明。但只有在新材料陆续面世的今天，我们才能通过借鉴中国实情来真正地探讨这个议题。通过这种探讨得出的政治权威崛起的过程，可能与西方理论学家基于西方文明史所做出的假设相一致，当然也可能存在巨大差异。不管怎样，中国的材料都将对史学理论研究做出重大贡献：它们会通过大量的新材料来证实史学理论，也会对史学理论进行部分修正，使概括性理论具有更广泛的适应性和有效性。

附录　三代帝王世系

夏　　代：

鲧

——夏代建立

禹

启

太康—仲康

相

少康

杼

槐

芒

泄

不降—扃

廑—孔甲

皋

发

履癸（桀）

——夏代结束

商　代：

契
⋮
传说中商的11代先王
⋮
主癸
——商代建立
汤
|
大丁—外丙—仲壬
|
大甲
|
沃丁—太庚
|
小甲—雍已—太戊
|
仲丁—外壬
|
河亶甲—祖乙
|
祖辛
|
沃甲
|
祖丁—南庚
|
阳甲—盘庚—小辛—小乙
|
武丁
|
祖庚—祖甲
|
廪辛—康丁
|
武乙
|
文丁
|
帝乙
|
帝辛（纣）
——商代结束

周　代：

弃
⋮
传说中周的11代先王
⋮
古公亶父（太王）
|
王季（季历）
|
文王
——周代建立
|
武王
|
成王
|
康王
|
昭王
|
穆王
|
恭王—孝王
|
懿王
|
夷王
|
历土
|
（共和摄政，公元前841年）
|
宣王
|
幽王
|
平王（东周开始）
|
桓王
|
庄王
|
釐王
|

惠王
|
襄王
|
顷王
|
匡王—定王
|
简王
|
灵王
|
景王
|
敬王
|
元王
|
定王
|
哀王—思王—考王
|
威烈王
|
安王
|
烈王—显王
|
慎靓王
|
赧王

周代结束
（公元前256年）

致　　谢

本书以1981年至1982年我在哈佛大学为基础课所开设的一门选修课的讲稿为基础而编写。我要感谢艺术文学基础课委员会主席沃缪勒（Emily Vermeule）女士、哈佛大学通选课与基础课主任威尔科特斯（Edward T. Wilcox）先生，是他们鼓励我开设了这门课程。

本书第四章在已经发表的"The Animal in Shang and Chou Bronze Art"（《商周青铜艺术中的动物》，*Harvard Journal of Asiatic Studies* 41，December 1981：527 ~ 554.）一文的基础上略作修改而成。

本书引用之古代中国最重要的两部文献《尚书》和《诗经》的英译文出自Bernhard Karlgren所著*The Book of Documents*（《尚书》，Stockholm：Museum of Far Eastern Antiquities，1950）和 *The Book of Odes*（《诗经》，Stockholm：Museum of

Far Eastern Antiquities，1974）。《楚辞》的英译文出自David Hawkes所著*Ch'u Tz'u：The Songs of the South*（《楚辞：南方之歌》，Oxford：Clarendon Press，1959）。感谢斯德哥尔摩远东文物博物馆（Museum of Far Eastern Antiquities）、霍克斯（David Hawkes）先生和克拉伦敦出版社（Clarendon Press）允许我引用以上著作。除非另有注释，其他中文文献均由本人翻译完成。

书中的很多照片由中国同行提供，其他照片则为本人在获得中国官方许可后拍摄。感谢为本书提供资料的人们对我的慷慨和信任，特别感谢樋口高安先生（Higuchi Takayasu）帮助我获得了原书的封面照片。

此外，我还要感谢伯格（Steve Burger）先生协助摄影，感谢布朗（Nancy Lambert Brown）女士绘制了扉页和图48的地图，感谢奎克（Maria Kawecki）女士细致而巧妙的编辑。特别感谢巴尔策（Marjorie Balzer）对充实萨满教研究参考书目所提供的帮助。

插图来源已列于本书结尾处，感谢这些出版单位允许我使用他们著作中的插图。

插图来源

1. 容庚：《汉武梁祠画像录》，北京：考古学社，1936年。

2. 《中国画报》1976年第7期、1974年第11期。

3. 编者提供。

4. 容庚：《汉武梁祠画像录》，北京：考古学社，1936年。

5. 罗振玉编：《陈萧二家绘离骚图》，上海：蟫隐庐，1924年。

6. 《中国历代名人画像汇编》，台北：伟文图书出版社，1977年。

7. Wulsin拍摄，出自Mary Ellen Alonso and Joseph Fletcher, *China's Inner Asian Frontier* （Cambridge, Mass.: Peabody Museum, Harvard University, 1979）, p. 23。

8. Nelson I. Wu, *Chinese and Indian Architecture* （New York: Braziller, 1963）.

9.《永乐大典》卷9561，引自《考古学报》1959年第2期。

10. 编者提供。

11.《文物》1981年第3期。

12. 编者提供。

13.《左传》。

14.《甲骨文编》，北京：中华书局，1965年。

15. 左：《中国古青铜器选》，北京：文物出版社，1976年。右：中国社会科学院考古研究所提供。

16.《考古》1972年第4期。

17. 任启运：《朝庙宫室考》，引自凌纯声：《中国祖庙之起源》，《"中央研究院"民族研究所集刊》第7期，1959年。

18. 容庚：《汉武梁祠画像录》，北京：考古学社，1936年。

19. 容庚：《汉武梁祠画像录》，北京：考古学社，1936年。

20. 罗振玉编：《陈萧二家绘离骚图》，上海：蟫隐庐，1924年。

21.《山海经存》，1895年。

22. 罗振玉：《殷墟书契菁华》，北京：私人印刷，1914年。

23. Bradley Smith and Wango Weng, *China: A History in Art*（New York: Harper & Row, 1973）.

24. 李济："中央研究院"的考古学相关著作。

25. 1、2出自Carl Hentze, *Objets rituels. croyances et dieux de la Chine antique et de I'Amérique*（Anvers: De Sikkel, 1936）；3出自K. C. Chang, *The Archaeology of Ancient China*（New Haven: Yale University Press, 1977）；4出自Douglas Fraser, "Early Chinese artistic influence in Melanesia?" in *Early Chinese Art and Its Possible Influence in the Pacific Basin,* ed. Noel Barnard（New York: Intercultural Arts Press, 1972）；5出自《殷墟妇好墓》，北京：文物出版社，1980年；6出自Li Chi, *The Beginnings of Chinese Civilization*（Seattle: University of Washington Press, 1957）。

26.《山海经存》，1895年。

27. W. Bogoras,*The Chukchee*, Memoirs of the American Museum of Natural History, vol. 11 (New York, 1909), pp. 317, 530.

28.《山海经存》，1895年。

29. 李济："中央研究院"考古学著作，1970年。

30. 左上出自：Sueji Umehara, *Studies of the Bronzes of the Warring-States Style*（Kyoto, 1936）；其他出自K. C. Chang, *The Archaeology of Ancient China*（New Haven: Yale University Press, 1977）。

31.《中国历代名人画像汇编》，台北：伟文图书出版社，1977年。

32.《文物》1975年第8期。

33.《考古学报》1981年第4期。

34.《陕西出土商周青铜器》第2卷，北京：文物出版社，1980年。

35. 编者提供。

36. 照片由中国文物局提供。

37.《考古学报》1982年第1期。

38. K. C. Chang, *The Archaeology of Ancient China* （New Haven: Yale University Press, 1977）.

39. Noel Barnard and Sato Tamotsu, *Metallurgical Remains of Ancient China* （Tokyo: Nishiosha, 1975）.

40. 石璋如：《殷代的铸铜工艺》，《“中央研究院”历史语言研究所集刊》第26期（1955年）。

41.《考古学报》1981年第4期。

42. 上图：编者提供。下图：《文物》1976年第2期。

43. Thomas Chase1973年拍摄于半坡博物馆。

44.《西安半坡》，北京：科学出版社，1962年。

45. 照片由北京大学历史系考古组提供。

46. *Bulletin of the Museum of Far Eastern Antiquities* （Stockholm）, vol. 15 （1945）, vol. 19 （1947）.

47.《大汶口》，北京：文物出版社，1974年。

48. 徐旭生：《中国古史的传说时代》，北京：科学出版社，1960年。

49. 作者1977年拍摄于中国社会科学院考古研究所洛阳考古队。

国家新闻出版广电总局
首届向全国推荐中华优秀传统文化普及图书

‖大家小书书目

国学救亡讲演录	章太炎　著　蒙　木　编
门外文谈	鲁　迅　著
经典常谈	朱自清　著
语言与文化	罗常培　著
习坎庸言校正	罗　庸　著　杜志勇　校注
鸭池十讲（增订本）	罗　庸　著　杜志勇　编订
古代汉语常识	王　力　著
国学概论新编	谭正璧　编著
文言尺牍入门	谭正璧　著
日用交谊尺牍	谭正璧　著
敦煌学概论	姜亮夫　著
训诂简论	陆宗达　著
金石丛话	施蛰存　著
常识	周有光　著　叶　芳　编
文言津逮	张中行　著
经学常谈	屈守元　著
国学讲演录	程应镠　著
英语学习	李赋宁　著
中国字典史略	刘叶秋　著
语文修养	刘叶秋　著
笔祸史谈丛	黄　裳　著
古典目录学浅说	来新夏　著
闲谈写对联	白化文　著
汉字知识	郭锡良　著
怎样使用标点符号（增订本）	苏培成　著
汉字构型学讲座	王　宁　著

诗境浅说	俞陛云　著
唐五代词境浅说	俞陛云　著
北宋词境浅说	俞陛云　著
南宋词境浅说	俞陛云　著
人间词话新注	王国维　著　滕咸惠　校注
苏辛词说	顾　随　著　陈　均　校
诗论	朱光潜　著
唐五代两宋词史稿	郑振铎　著
唐诗杂论	闻一多　著
诗词格律概要	王　力　著
唐宋词欣赏	夏承焘　著
槐屋古诗说	俞平伯　著
词学十讲	龙榆生　著
词曲概论	龙榆生　著
唐宋词格律	龙榆生　著
楚辞讲录	姜亮夫　著
读词偶记	詹安泰　著
中国古典诗歌讲稿	浦江清　著 浦汉明　彭书麟　整理
唐人绝句启蒙	李霁野　著
唐宋词启蒙	李霁野　著
唐诗研究	胡云翼　著
风诗心赏	萧涤非　著　萧光乾　萧海川　编
人民诗人杜甫	萧涤非　著　萧光乾　萧海川　编
唐宋词概说	吴世昌　著
宋词赏析	沈祖棻　著
唐人七绝诗浅释	沈祖棻　著
道教徒的诗人李白及其痛苦	李长之　著
英美现代诗谈	王佐良　著　董伯韬　编
闲坐说诗经	金性尧　著
陶渊明批评	萧望卿　著

古典诗文述略　　吴小如　著

诗的魅力
——郑敏谈外国诗歌　　郑　敏　著

新诗与传统　　郑　敏　著

一诗一世界　　邵燕祥　著

舒芜说诗　　舒　芜　著

名篇词例选说　　叶嘉莹　著

汉魏六朝诗简说　　王运熙　著　董伯韬　编

唐诗纵横谈　　周勋初　著

楚辞讲座　　汤炳正　著
汤序波　汤文瑞　整理

好诗不厌百回读　　袁行霈　著

山水有清音
——古代山水田园诗鉴要　　葛晓音　著

红楼梦考证　　胡　适　著

《水浒传》考证　　胡　适　著

《水浒传》与中国社会　　萨孟武　著

《西游记》与中国古代政治　　萨孟武　著

《红楼梦》与中国旧家庭　　萨孟武　著

《金瓶梅》人物　　孟　超　著　张光宇　绘

水泊梁山英雄谱　　孟　超　著　张光宇　绘

水浒五论　　聂绀弩　著

《三国演义》试论　　董每戡　著

《红楼梦》的艺术生命　　吴组缃　著　刘勇强　编

《红楼梦》探源　　吴世昌　著

《西游记》漫话　　林　庚　著

史诗《红楼梦》　　何其芳　著
王叔晖　图　蒙　木　编

细说红楼　　周绍良　著

红楼小讲　　周汝昌　著　周伦玲　整理

曹雪芹的故事	周汝昌　著　周伦玲　整理
古典小说漫稿	吴小如　著
三生石上旧精魂 ——中国古代小说与宗教	白化文　著
《金瓶梅》十二讲	宁宗一　著
中国古典小说十五讲	宁宗一　著
古体小说论要	程毅中　著
近体小说论要	程毅中　著
《聊斋志异》面面观	马振方　著
《儒林外史》简说	何满子　著

我的杂学	周作人　著　张丽华　编
写作常谈	叶圣陶　著
中国骈文概论	瞿兑之　著
谈修养	朱光潜　著
给青年的十二封信	朱光潜　著
论雅俗共赏	朱自清　著
文学概论讲义	老　舍　著
中国文学史导论	罗　庸　著　杜志勇　辑校
给少男少女	李霁野　著
古典文学略述	王季思　著　王兆凯　编
古典戏曲略说	王季思　著　王兆凯　编
鲁迅批判	李长之　著
唐代进士行卷与文学	程千帆　著
说八股	启　功　张中行　金克木　著
译余偶拾	杨宪益　著
文学漫识	杨宪益　著
三国谈心录	金性尧　著
夜阑话韩柳	金性尧　著
漫谈西方文学	李赋宁　著
历代笔记概述	刘叶秋　著

周作人概观	舒　芜　著
古代文学入门	王运熙　著　董伯韬　编
有琴一张	资中筠　著
中国文化与世界文化	乐黛云　著
新文学小讲	严家炎　著
回归，还是出发	高尔泰　著
文学的阅读	洪子诚　著
中国文学1949—1989	洪子诚　著
鲁迅作品细读	钱理群　著
中国戏曲	么书仪　著
元曲十题	么书仪　著
唐宋八大家 ——古代散文的典范	葛晓音　选译
辛亥革命亲历记	吴玉章　著
中国历史讲话	熊十力　著
中国史学入门	顾颉刚　著　何启君　整理
秦汉的方士与儒生	顾颉刚　著
三国史话	吕思勉　著
史学要论	李大钊　著
中国近代史	蒋廷黻　著
民族与古代中国史	傅斯年　著
五谷史话	万国鼎　著　徐定懿　编
民族文话	郑振铎　著
史料与史学	翦伯赞　著
秦汉史九讲	翦伯赞　著
唐代社会概略	黄现璠　著
清史简述	郑天挺　著
两汉社会生活概述	谢国桢　著
中国文化与中国的兵	雷海宗　著
元史讲座	韩儒林　著

魏晋南北朝史稿	贺昌群　著
汉唐精神	贺昌群　著
海上丝路与文化交流	常任侠　著
中国史纲	张荫麟　著
两宋史纲	张荫麟　著
北宋政治改革家王安石	邓广铭　著
从紫禁城到故宫 ——营建、艺术、史事	单士元　著
春秋史	童书业　著
明史简述	吴　晗　著
朱元璋传	吴　晗　著
明朝开国史	吴　晗　著
旧史新谈	吴　晗　著　习　之　编
史学遗产六讲	白寿彝　著
先秦思想讲话	杨向奎　著
司马迁之人格与风格	李长之　著
历史人物	郭沫若　著
屈原研究（增订本）	郭沫若　著
考古寻根记	苏秉琦　著
舆地勾稽六十年	谭其骧　著
魏晋南北朝隋唐史	唐长孺　著
秦汉史略	何兹全　著
魏晋南北朝史略	何兹全　著
司马迁	季镇淮　著
唐王朝的崛起与兴盛	汪　篯　著
南北朝史话	程应镠　著
二千年间	胡　绳　著
论三国人物	方诗铭　著
辽代史话	陈　述　著
考古发现与中西文化交流	宿　白　著
清史三百年	戴　逸　著

清史寻踪	戴　逸　著
走出中国近代史	章开沅　著
中国古代政治文明讲略	张传玺　著
艺术、神话与祭祀	张光直　著 刘　静　乌鲁木加甫　译
中国古代衣食住行	许嘉璐　著
辽夏金元小史	邱树森　著
中国古代史学十讲	瞿林东　著
历代官制概述	瞿宣颖　著
宾虹论画	黄宾虹　著
中国绘画史	陈师曾　著
和青年朋友谈书法	沈尹默　著
中国画法研究	吕凤子　著
桥梁史话	茅以升　著
中国戏剧史讲座	周贻白　著
中国戏剧简史	董每戡　著
西洋戏剧简史	董每戡　著
俞平伯说昆曲	俞平伯　著　陈　均　编
新建筑与流派	童　寯　著
论园	童　寯　著
拙匠随笔	梁思成　著　林　洙　编
中国建筑艺术	梁思成　著　林　洙　编
沈从文讲文物	沈从文　著　王　风　编
中国画的艺术	徐悲鸿　著　马小起　编
中国绘画史纲	傅抱石　著
龙坡谈艺	台静农　著
中国舞蹈史话	常任侠　著
中国美术史谈	常任侠　著
说书与戏曲	金受申　著
世界美术名作二十讲	傅　雷　著

中国画论体系及其批评	李长之　著
金石书画漫谈	启　功　著　赵仁珪　编
吞山怀谷 ——中国山水园林艺术	汪菊渊　著
故宫探微	朱家溍　著
中国古代音乐与舞蹈	阴法鲁　著　刘玉才　编
梓翁说园	陈从周　著
旧戏新谈	黄　裳　著
民间年画十讲	王树村　著　姜彦文　编
民间美术与民俗	王树村　著　姜彦文　编
长城史话	罗哲文　著
天工人巧 ——中国古园林六讲	罗哲文　著
现代建筑奠基人	罗小未　著
世界桥梁趣谈	唐寰澄　著
如何欣赏一座桥	唐寰澄　著
桥梁的故事	唐寰澄　著
园林的意境	周维权　著
万方安和 ——皇家园林的故事	周维权　著
乡土漫谈	陈志华　著
现代建筑的故事	吴焕加　著
中国古代建筑概说	傅熹年　著
简易哲学纲要	蔡元培　著
大学教育	蔡元培　著 北大元培学院　编
老子、孔子、墨子及其学派	梁启超　著
春秋战国思想史话	嵇文甫　著
晚明思想史论	嵇文甫　著
新人生论	冯友兰　著

中国哲学与未来世界哲学	冯友兰　著
谈美	朱光潜　著
谈美书简	朱光潜　著
中国古代心理学思想	潘　菽　著
新人生观	罗家伦　著
佛教基本知识	周叔迦　著
儒学述要	罗　庸　著　杜志勇　辑校
老子其人其书及其学派	詹剑峰　著
周易简要	李镜池　著　李铭建　编
希腊漫话	罗念生　著
佛教常识答问	赵朴初　著
维也纳学派哲学	洪　谦　著
大一统与儒家思想	杨向奎　著
孔子的故事	李长之　著
西洋哲学史	李长之　著
哲学讲话	艾思奇　著
中国文化六讲	何兹全　著
墨子与墨家	任继愈　著
中华慧命续千年	萧萐父　著
儒学十讲	汤一介　著
汉化佛教与佛寺	白化文　著
传统文化六讲	金开诚　著　金舒年　徐令缘　编
美是自由的象征	高尔泰　著
艺术的觉醒	高尔泰　著
中华文化片论	冯天瑜　著
儒者的智慧	郭齐勇　著
中国政治思想史	吕思勉　著
市政制度	张慰慈　著
政治学大纲	张慰慈　著
民俗与迷信	江绍原　著　陈泳超　整理

政治的学问	钱端升　著　钱元强　编
从古典经济学派到马克思	陈岱孙　著
乡土中国	费孝通　著
社会调查自白	费孝通　著
怎样做好律师	张思之　著　孙国栋　编
中西之交	陈乐民　著
律师与法治	江　平　著　孙国栋　编
中华法文化史镜鉴	张晋藩　著
新闻艺术（增订本）	徐铸成　著
经济学常识	吴敬琏　著　马国川　编
中国化学史稿	张子高　编著
中国机械工程发明史	刘仙洲　著
天道与人文	竺可桢　著　施爱东　编
中国医学史略	范行准　著
优选法与统筹法平话	华罗庚　著
数学知识竞赛五讲	华罗庚　著
中国历史上的科学发明（插图本）	钱伟长　著

出版说明

“大家小书”多是一代大家的经典著作，在还属于手抄的著述年代里，每个字都是经过作者精琢细磨之后所拣选的。为尊重作者写作习惯和遣词风格、尊重语言文字自身发展流变的规律，为读者提供一个可靠的版本，“大家小书”对于已经经典化的作品不进行现代汉语的规范化处理。

提请读者特别注意。

北京出版社